桜美林大学 叢書 vol.002

本気で観光ボランティアガイド

旅行者を必ず満足させるテクニック

渡辺康洋
WATANABE Yasuhiro

J. F. Oberlin University

はじめに

先日、鎌倉の大仏に行ってきました。私は東京に住んでいるので鎌倉までの小旅行です。鎌倉大仏はポスターやガイドブックなどで何度も見ていますが、いざ江ノ電を長谷駅でおりて、街道を歩き、高徳院の境内に入り、大仏様を目前にするとあらためて感動がありました。もちろん実物の鎌倉大仏を見るのも初めてではありませんが、大きな大仏様と背後の緑、そして青い空。やってきてよかったと思ったものです。

さて、このように私たちは旅にでて観光地で美しい自然や歴史や文化の名所を見て感動し、旅の満足感を得ます。この感動と満足感を求めて旅に出る、と言ってもいいでしょう。ところで、観光地で名所や美しい景色を見て得るこの満足感ですが、同じ対象を見ても、毎回その満足感が同じという訳ではありません。むしろ、同じ観光地に繰り返し行っても、毎回毎回その満足感は違うはずです。ある時は、わあ、すごい！

来てよかった、と思うでしょうし、またある時は、この前と同じだな、とりあえず来てよかった、程度かもしれません。鎌倉大仏は同じ鎌倉大仏ですが、それ以外の要素が旅行者の満足感に影響を与えているためにこのような感動の違いが現れるのです。では、はたしてどんな要素が私たちの満足や感動に影響を与えるのか。実はそんな要素は三つあると言われています。

その3つの要素とは、まず、

その時の「お天気」、

そして、

その時の自分の「体調」、

です。青空が美しい快晴の日の大仏様と、冷たい雨と風の中で拝む大仏様とでは、やはり受ける印象は異なります。ポスターや絵葉書の写真は、最高の天気の時に撮られていますから、お天気が悪い時の姿はどうしても印象がトーンダウンしてしまいます。また、例えば、旅の途中、不幸にも歯が痛くなり、やっとの思いで歯痛を我慢しているときに見た大仏様はどんなでしょうか。きっと旅の感動を楽しむどころではないと思います。このように、同じ観光地でも、お天気と旅行者の体調は旅の感動を左右するものです。

さて、旅の満足感に大きな影響を与えるもう一つの重要な要素があります。それが、「ガイド」です。もっと言うならば、ガイドの出来、不出来です。大仏様を見ながらのガイドさんの歴史上のうんちく、そして地元鎌倉の人々の大仏様に対する思い、さらには、初めて日本にやってきた外国人旅行者の大仏を見ての突拍子もない反応、等々。きっとこんな楽しい語りを聞きながら見る大仏様は、ガイドブック片手に自分一人で見るときとは印象が大きく変わってくるはずです。

現実的には、すべての観光客がガイドの説明を聞きながら見学をするわけではありません。しかし、すばらしいガイドの案内を受けて観光した人が見学を楽しみ旅の感動を得たとするならばこれはありがたいことです。ガイドは旅行者の記憶に残り、きっと思い出の写真の中にも残り、ガイドがお話ししたストーリーは旅行者の口で何度も周囲の人たちに伝えられることにもなるはずです。

本書は、このような力をもつ優れたガイドになるための教本です。遠くからやってくる旅行者を迎え、自分たちの住む地域の文化や歴史、美しい自然にご案内しその魅力を語るガイドの仕事に憧れを抱き、やってみたいと思う人は少なくないのではないでしょうか。

自分たちの町を訪問先として選んでくれることはそもそも喜びですし、私たちの町についての説明を聞いてもらうということにも誇りさえ感じます。しかし、これまでお話してきたように、ガイドは、旅行者に対する影響力がたいへん大きな仕事です。旅行者に満足感を与えることもできますし、失望感を与えてしまうこともありえます。住民としての喜びや誇りだけで取り組む仕事ではないと言えます。

私は自分自身が観光ガイドとしてお客様をご案内してきました。また旅行会社の添乗員としてお客様を国内外のあらゆる観光地にお連れしながら、各地のガイドさんのお仕事をたくさん見てきました。そして、その後研究者となってからは、業としてのガイドについて調べたり、各地のガイドさんの生の声を聴いたりしてきました。そして、あらためて思うのですが、これまで接してきた多くのガイドさんのうち、旅行者に満足感を与えることができるガイドさんたちには明らかに共通する何かがあるように思います。それは、もちろん持って生まれた明るい性格や人懐っこさ、あるいは外見の一部もあります。しかし、それらに加えて、そのようなすばらしいガイドさんは皆、人を満足させる「術」を持っていました。本書は、そのような技術が具体的にどのようなものか、体を動かし、声を出すガイディングという作業は、どのようにしたらレベルアップできるのかについて解説してゆきます。

今、本屋さんに行けば、観光ガイドに関する本がたくさん並んでいます。ガイドの仕事をしていらっしゃる方たちが観光ガイドの仕事はどのように取り組むのかについて様々な観点から書かれています。ただ、その中身を見てみると、英語など外国語のガイド教本を中心に、例えばこの観光箇所ではどのような説明をするか、という例文を紹介した説明が多いような気がします。つまり観光地でお客様を前にして、ガイドがしゃべるべき項目やその文章が書かれています。

観光ガイドが、観光箇所について、例えば浅草寺について、鎌倉大仏について、東京スカイツリーについて「何を」説明するか、つまり、どのような「データ」や「情報」をお客様にお伝えするかは確かに重要な要素です。しかし、お客様の旅の満足感を作り出すのは、データや情報そのものでしょうか。

いや、それだけではありません。それらを「どのように」伝えるかがポイントだと思います。同じニュースを伝える番組でも、例えばNHKのニュースのようにアナウンサーが表情ひとつ変えずにクールに出来事を伝えるスタイルと、民放のバラエティ型ニュース番組のように出演者の感情が表れているようなスタイルとではずいぶんと受ける印象が違います。

私は、データの「内容」よりも、「どのように」の方がお客様の満足感に与える影響力が大きいと言い切ることができるような気がします。これまでの経験で、ああ楽しいツアーだった！　と感じさせてくれたガイドさんは、どれも明るくて、ユーモアにあふれ、テンションが高い方たちでした。

この本では、観光ガイドとしてどうやって明るく、楽しく、テンション高く案内をするかに重点をおいて説明をしてゆきます。そして、サービス業、接客業としての観光ガイドに求められる「おもてなし」や「礼儀作法」についても触れてゆきます。その点で、この教本は他のガイド本と大きく異なります。

これから観光ボランティアガイドの仕事をやってみたい方、あるいは、もうすでにお仕事をなさっている方、その中でも、今ひとつお客様が満足なさっているか自信がない方などにはぜひとも本書はお読みいただきたいと思います。

のちほどまたご説明しますが、優れたガイドが増えることは観光地の魅力が向上することです。すばらしいガイドさんが増えて、その結果、旅行者が増え、観光による地域活性化がさらに強化されるとよいと思っています。

本気で観光ボランティアガイド◎目次

第3章　まずはトレーニング！　日頃からの勉強

第4章　ガイドの仕事が決まったらやるべき事前準備

第5章　ガイド案内のハウツー——ツアーの流れに添って

第6章　こんな時どうする――場面別ガイドの対応法

第7章 ベテランガイドになるためのテクニック

第8章 持ち物・準備チェックリスト

第1章
観光ガイド、この重要な仕事

1. 旅の満足感を最大にも最小にもする

観光旅行は様々な要素から構成されています。旅行者は、観光資源と呼ばれる観光地の見所の見学や体験を主目的として、交通機関や宿泊施設、飲食やショッピングの施設などを交互に利用しながら旅を進めています。観光ガイドもこれらの要素の一つと考えていいでしょう。

旅の全体的な印象はそれぞれの要素の体験が総合されて決まると考えられますが、留意すべきことは、観光ガイドの仕事が観光地の見所に関わっているということです。つまり、旅行者にとって、観光地の見所とそこでの観光ガイドは一体となって、その観光地の印象を作り上げます。

このことは、旅行者の感動や満足感の観点で、観光ガイドがいかに重要であるかを表しています。前述の通り、旅は様々な要素で構成されており、それぞれの印象がまとまって旅全体の印象が決まるのですが、交通機関や宿泊施設とは異なり、観光地は旅行者が旅に出よう、と決断する「動機」を作り上げるものだからです。いわば観光の目的であるからです。当然のことながら、観光の主目的での感動が大きければ、全体の感動も大きくなるでしょう。観光地の見所の印象に大いに影響を与える観光ガイドの責任は重大です。繰り返しになりますが、同じ観光地であっても、観光ガイドはそれを輝くようにも普通にもすることができるのです。

このようにガイドは、観光の満足感を最大にも最小にもします。たいしたことがない（と言っては失礼ですが）見学対象があったとしましょう。例えば、特にいわれもない道端のお地蔵様とかです。それであっても、ベテランガイドはきっとそれを語りでそれなりにお客様を満足させることができます。お地蔵様の表情やよだれかけのいでたちについて聞き手と共感できる説明をしたり、時代ははっきりしないものの、昔の人々のお地蔵様に対する気持ちを表してみたり、そして最後には、お地蔵様という仏像をカギに仏教の話をしたりとか。小さなお地蔵様を前にベテランガイドは様々なストーリーを展開します。観光客を呼び込みたいが、どうも観光資源が見劣りすると悩む地域があるとすれば、その資源の磨き上げや宣伝もさることながら、その資源を説明して感動をよぶことができるガイドの養成も忘れてはならないのです。

先ほど、ガイドの出来、不出来と言いましたが、ガイドがどの程度旅行者の満足感を得られるようなガイディングができるか、いわばどの程度のガイド力を持っているかはなかなかわかりません。端的に言えば、実際にそのガイドの案内を受けてみるまでガイドの良し悪しがわかりません。ホテルやレストランのように、星の数でレベルが表されているということがあまりないのです。私もこれまで観光ツアーに乗った際に、ガイドさんの案内があまりにも「下手」でがっかりしたという経験が何度かあります。ツアーのパンフレットには、「ベテランガイドによる楽しいおしゃべり……」などと書いてあっても、です。

ガイドは観光の満足感を左右できるたいへん重要な要素であるにもかかわらず、どこに良いガイドがいるのかがわかりづらい要素です。旅行会社のベテラン企画担当者や添乗員は内外の観光地で仕事をしている優秀なガイドの情報をしっかりと蓄積していると聞きます。そしてそれはたいへん貴重な情報なので、なかなか外にはもらさないということです。自分がたいせつなお客様に、とっておきのガイドさんの手配をしたいときにその人が他のツアーなどに手配されてしまっている、という状況をなるべくさけたいからなのでしょう。

これまで見てきたように、旅の満足感を考える際に、ガイドは重要な要素となってくるのです。良いガイドがいれば、その観光地のレベルはあがります。現在、日本はまさに国をあげて観光振興に取り組んでいます。少子高齢化が社会や経済にもたらすマイナスを観光の持つ力でカバーするのです。

全国の各地がもっと多くの観光客を誘致しようと知恵を絞っています。観光地をきれいにしたり、マップをつくったり、交通を観光客にとって便利にしたり、観光ホームページでの発信を魅力的に、効果的に洗練させたり、さまざまな策が練られています。これらはどれも重要なことで必要な観光政策であると言えます。

しかし、忘れてはならないのは、これまでお話ししてきたような、旅の満足を与えられるガイドの育成です。電車の待ち時間が長くても、お天気がよくなくても、施設が多少汚れていても、そこにすばらしいガイドがいれば、マイナスがマイナスでなくなります。旅行者が満足感を得て、のちにまた訪れるリピーターになったり、口コミで魅力を広めて新しい訪問者を造り出したりするのは、ガイドの力です。だから、魅力的な観光地はそのような良質のガイドを多く持たなければなりません。

2. 訪日外国人を案内するガイドの仕事

最近いわゆる「インバウンド」と呼ばれる外国人旅行者がたくさん来日しています。日本にやってくる旅行者数はこの10年間位で何倍にもなっているそうです。私たちの国、日本を魅力的だと思って遠い道のりをやって来てくださる方が多いことは何ともうれしいことです。オリンピックや万博など国際的なイベントもあり、国はこの先さらに訪日外国人旅行者を増やす努力をしてゆくと言っています。したがって、外国人旅行者をご案内するガイドの仕事もますます増えていくことでしょう。その関連で、ガイドの仕事の中でも、外国語を使って外国人旅行者に対して観光案内をしてみたいと思っておられる方も多いと思います。

外国語を使って外国人を案内する仕事は、その仕事で報酬を得ようとする場合は、最近まで「通訳案内士」という国家資格を取る必要がありました。その資格なしにお客様を案内する人は「やみガイド」とか呼ばれていて、違法行為をしていることになっていました。しかし、今やこのように急増する外国人旅行者に対しガイド数が足りないのではないかという懸念や、英語が多いガイド言語やガイドさんが仕事ができる地域が関東中心に偏っているなどの理由から、現在は必ずしも国家資格を持たなくても有償で外国語を使ってお客様を観光案内できるようになっています。

さて、そのような外国語での観光ガイドをするための教本が本屋さんにはたくさん並んでいます。これからそのような仕事をやってみようとする人は、どれがよいか迷ってしまうほどです。ただこれらの教本の内容を見てみるとちょっと気になることがあります。どの教本もその内容のほとんどが、観光地での外国語での説明文章の紹介になっているのです。

例えば、

This is Kaminarimon Gate. On either side there are 2 large statues of Buddhist deities.
Their names are Fujin and Raijin.
（これが雷門です。両端に大きな仏像が建っています。風神と雷神と言います）

つまり、あたかも外国人を前にガイドをする時はこの文章を読んで暗記をしておいてそれをしゃべりなさい、と言っているようなのです。中には、笑いを取るためのジョークまでもそのまま文章として載せている本もあります。そんな英語ガイドの教本は、英文がたくさん並んでいて、まるで中学の英語の教科書のような雰囲気です。

もちろん、外国人を前に観光を案内する際にガイドが声を出して説明をする文章が掲載されていることはまちがったことではなく、どんな内容をどんな文章構文で話せばよいかわかるのはありがたいことだと思います。しかし、このような文章をあらかじめ勉強することは重要なことでしょうか。そもそも外国人を観光案内しようと思う人は、ある程度の語学力を持っている人であろうと思えます。流暢ではないにせよ、ある程度のことは英語などで話すことができる人だろうと思います。あるいは、外国語の案内を目指して語学の勉強をしている方であるはずです。「東京タワーは1955年に建てられました」を英語でどのように語ったらよいかわからないので、教本を参考にしようとする人はあまりいないでしょう。後述するようにガイドの仕事は、観光名所の説明案内だけでなく、さまざまなお客様の要望に応えたり、緊急時の対応が求められたりします。そのような時も当然外国語での説明や意思疎通が必要です。

「英語ガイドとして観光案内をする際の、適切な『言い回し』を勉強したいがどうしたらよいか」などと質問を受けることがあります。しかし、翻って考えてみましょう。私たちの母語、日本語で観光案内をするとして、はたして、日本語での「言い回し」はあるのか。それを知らないと観光案内はできないのか。確かにベテランのバスガイドさんの語りを聞いていると、普段は私たちがあまり使わないような表現を耳にすることはあります。

「現代社会を象徴するような米軍基地を右に左にご覧いただいた町々を過ぎて、ここからは一転、高級リゾートホテルが建ち並ぶ中部地区へとバスを進めてまいりましょう」

これは、沖縄ツアーのベテランガイドさんの語りでした。「右に左にご覧いただいた……」、「進めてまいりましょう」など、確かにちょっと「らしい」表現があります。しかし聞いてみるとガイドさんの語りはほとんどが普通の言葉での説明です。もちろん、サービス業としての丁寧な言葉ですが、普通の語りです。そもそも、ガイドはなるべく話すように語るのがよいのです。読み上げ調や硬い表現はよいガイディングとは言えません。

外国語での観光案内も同じです。なるべく普通に語るように説明するのがよいと思います。つまり、家庭や仕事場などで使われるような日常の外国語を使うのがよいのです。もちろん、お客様に対してお話しするのですから、丁寧さは求められます。しかし、そこに「言い回し」は必要ありません。当然ながら、用語は勉強が必要です。

説明にでてくる多くの単語（主に名詞）は外国語で言えるようにしておかなくてはなりません。ただ、これは仕事の日までに辞書やインターネットで調べて覚えておけばよいのです。なお、単語によっては、辞書に出てきたものをそのまま言うだけではよいガイディングと言えないものもありますが、これについては後述します。

このようなことからこの本では、外国語による観光案内の表現についてはふれていません。教本にでているガイド表現を諳んじておいて、それを語るような観光案内は少なからず不自然になってしまうと思います。それよりも教本の表現にとらわれることなく、自然な自分の表現で説明してください。その方が外国からのお客様にも好感が持たれると思います。

また、観光ガイドは、観光案内をするのがメインの仕事だと思いがちです。しかし、観光ガイドの仕事のうち観光案内は極一部なのです。この本でご説明する、観光案内以外の部分、こちらの出来不出来の方が、現実的にはお客様の満足感につながります。

インバウンドのお客様をご案内しようとする人は、特に観光分野やガイド分野にこだわることなく、これまで通りの外国語の勉強をしてください。それで充分です。英語や中国語などの「観光」外国語や「ガイド」外国語を特別に勉強する必要はありません。それよりも、この本でご紹介する語学以外のガイドのガイディング技術を勉強して、そして実践して、日本を訪れる外国人旅行者の満足感を勝ち得てください。

3．旅行会社が、できればボランティアガイドを使わない理由

旅行会社が企画するツアーは、交通機関や宿泊機関、食事などの旅行要素から構成されていて、旅行会社はこれらの要素を手配して、ツアーを作り上げます。つまり、日程に沿って航空会社やホテル、レストランに予約をいれます。当然観光時のガイドも手配します。国内旅行ではバス会社を通じてガイドさんを依頼しますが、直接、観光ガイドを手配することもあります。海外ではそういったケースが多いと思います。

さて、そのような手配に際し、旅行会社はボランティアガイドやナチュラリストガイドを使いたがらないことをご存知でしょうか。これはもちろんあくまでも一般論ですが、もし選択の余地があるならば、ボランティアガイドではなく、プロの観光ガイ

ドを選びます。ボランティアガイドを手配する方がコストは安くつくことが多いにもかかわらず、です。

旅行会社は代金をいただいてお客様をツアーにご案内します。旅行の代金は安いものではありません。旅行会社にとってツアーの販売は商売ですから、ツアーを買ってくださったお客様には、確実に満足をしていただかなければなりません。いわゆる、ツアープラニングという旅行企画の作業は、常に、どうしたら旅行者が旅の時間に満足するか、を考えながら行われます。お客様に相応しい宿はどんな宿か、日程のこの時点ではどんなお食事を食べていただくのがよいか、などと検討してゆきます。お客様が満足すること、これが目標です。

ボランティアガイドをやってみようと思う人の動機の多くは、自分の地域の豊かな文化や歴史、自分が勉強してきて調べた関連知識を、やってこられる訪問者に伝えたいという意図や希望が多いのではないでしょうか。つまり、何らかの形で、自分の話で「伝えたい」「教えたい」という気持ちが動機になっているケースが多いようです。そのためでしょうか、そんなガイドさんに案内されたお客様からは、「面白い話だったが長かった。」、「内容が難しすぎて授業を受けているようだった。」、「ショッピングの時間を取りたいので早めに切り上げてほしいと頼んだら、これを聞いてもらわなければ来てもらった意味がない、と言われて引き留められた。」などの声があがったりします。つまり、ボランティアガイドの中には、自分がしゃべって聞かせることが目的だという人が少なくないようなのです。

もちろん、旅行者の中には、深い知識欲を持ち、そのような話を聞けて良かった、勉強になって楽しめた、という方も多数おられます。しかし、観光に従事するすべての人は、旅行者は「楽しむ」ために観光旅行をしているということを片時も忘れてはなりません。

こうしてみると、そんなボランティアガイドやナチュラリストガイドの方々は、自分が説明をすることに満足感を得ているのかもしれません。満足感を得なければならないのは、ガイドではなく旅行者です。後述しますが、ガイドの仕事は、何かを教える「先生」ではなく、楽しさを与える「エンターテイナー」なのだと心得ましょう。

第2章

お客様を満足させる
ガイドの4つの顔

1．観光は商売

これまで何度も「満足」という言葉を使ってきました。そうです、ガイドは旅行者を満足させることを目指して仕事をします。旅行者を大きく満足させることができるガイドが良いガイドであり、満足させられないガイドはダメなガイドだ、が基本です。

そもそも「満足」という言葉は、マーケティングを論ずる中で使われる言葉です。マーケティングは、簡単に言えば、消費者にどうやって満足感を得てもらって、お金を払ってもらうかという研究です。しかし、これまで観光分野の事柄はなかなか、このお金を払ってもらう、ということと結びついていなかったように思えます。最近になってこそ、中国からの訪日外国人観光客の「爆買い」が日本の経済を潤した、とか、カジノを含む統合型リゾートを建設して観光の経済効果を高める、とかお金に関連したことが話題になっています。これらはまさに観光がお金の流れである経済に直結していることを表しているのですが、きれいな景色や文化歴史の名所を訪ねる観光行動と経済とはやや縁遠く考えられてきました。

しかし、考えてみれば観光旅行はお金の支払いの連続です。観光旅行と言う時間の流れをお金で買っています。ボランティアガイドさんは文字通りボランティアなので、直接ガイド料金としてお金を受け取ってないかもしれませんが、旅行者はその土地に来てガイドさんの案内を受けるために、交通費や宿泊費など大きな金額を払っています。つまり観光地側から見ると、観光はまぎれもない「商売」なのです。お金を払ってもらうのですから、相応の満足を提供しなければなりませんし、満足感が得られる、と期待してもらうことによって、お金を払おうと考えてもらえます。観光の仕事で旅行者に接する仕事をしている人は、みな観光という「商売」をしているのです。このことを常に忘れないようにしなければなりません。

2. 接客英語「サー」と「マァム」

さてここで、英語で観光ガイドをしようとする方にお願いです。日本語と違って、英語には、尊敬語や謙譲語、丁寧語などの敬語がないと言われます。確かに日本語では、使われている言葉を聞いているだけで、会話をしている人たちの上下関係などがきれいにわかります。落語がそのいい例です。一人の話し手がしゃべっているセリフでも、そこで使われる言葉によって、目上がしゃべっているのか、下の者がしゃべっているのか容易に判断がつきます。最近は、英語による落語もありますが、英語には、そのような敬語がありませんから、セリフだけで関係を表すのは難しいのだと思います。

話は戻ってガイドの英語です。このように英語には敬語がありませんが、サービス業で接客の仕事する者が話している言葉だと、すぐにわかる表現があります。それが主に文章の最後につける、Sir と Ma'am です。辞書を引いて見ると、Sir と Ma'am（Madam を短縮した形と言われます）の意味としては、それぞれ、「先生」とか「閣下」とか、「奥方様」とか「お嬢様」とか説明されていますが、「この単語がある場合は、特にその単語を訳す必要はなく、全体を丁寧な表現で訳す」とあり、やはり、これが丁寧な表現なのだとわかります。

今、くどいほど述べているように、観光は商売です。観光を買ってくださるお客様に接するのがガイドの仕事です。ですので、お客様に接する際は、この敬語表現が必須です。例えば、相手の名前を聞きたいとき、

What is your name? では、ちょっとぶっきらぼうで不適切である、ということは、英語で観光案内をしようとする方はおわかりだと思います。このような場合は、

May I have your name? が適切であると言われるのでした。しかし、商売でお客様に接する際は、さらにもう一歩の丁寧さが必要です。

May I have your name, sir? とします。

ガイドがお客様に個別に話しかける際は、このように、必ず最後に sir か ma'am を付けるようにしましょう。初めのうちは、これをしっかりと意識しないと忘れてしまうものです。ガイドは、お客様に接する仕事である、なので敬語を使う、を忘れずに。

3. ガイドの4つの顔

では、そんなガイドはどんな4つの顔を持つのでしょうか。

◎お客様を楽しませる「タレント」、「エンターテイナー」、「演出者」としての顔

ガイドは旅行者に対して口頭で話を伝えることが主要な仕事です。その点では、学校の先生に似ているのかもしれません。しかし、ガイドは学校の先生ではありません。知識、情報を伝えることが目的の仕事ではありません。

残念なことに、このことを理解していないガイドさんがけっこういます。特に「ボランティア」ガイドの中にそのような人が多いといわれます。大前提として理解し認めなければならないことは、観光旅行は「楽しみ」である、ということなのです。一番重要なことは楽しさです。もちろん知識や情報を得ることは大いに大切です。知ることは満足に確かにつながります。しかし、それよりも楽しい時間を得ることの方が

観光には重要だと思います。
こうしてみると、ガイドは言ってみれば「エンターテイナー」です。語りで楽しんでいただく時間を作り出します。また、常に旅行者の前に立ち、視線を受けて行動し、旅行者が求める「非日常」の一つの要素に自分がなる「タレント」でもあります。すなわち、これらのエンターテイメント性やタレント性、そして知識、情報を提供し、旅行者の旅の気持ちを演出することが仕事だと言えましょう。

常に自分は旅行者の視線の中にいるのだ、ということを意識しましょう。旅行者は旅に「非日常」を求めます。普段の生活には、ない風景、ないコト、ない人、を求めます。

ですので、ガイドも、旅行者の普段の生活にはない人になるように努める必要があります。近所にいるおじさん、おばさんと同じにならないように。それには、身なり・服装も大切ですし、笑顔、明るい話し方も心掛ける必要があります。その話し方は、やや高めのテンションの方がよいでしょう。そして、ユーモア、前向きの言葉、誉め言葉なども必要ですが、これらについては後述します。

◎契約の履行者の顔

時に旅行は契約です。旅行は、いうなれば目に見えない「商品」であり、旅行のパンフレットやチラシは、その商品にはこのような機能がついていて、買うことによってそれらを得ることができる、というような契約書と考えることができます。よって、パンフレット等に限らずチラシとかホームページとかあらゆる文書に示された見学場所はすべてを旅行者にお見せすることがガイドには要求されます。

そういう意味でガイドは契約の履行者です。不測の事態が発生したというような状況以外では、予定されている箇所はすべて行かなければなりません。すべて行けるようにガイドは時間配分を考えなければなりません。

また、もし旅行が、旅行会社の「企画旅行」である場合はもっと厳格で、見学が車窓からなのか、車両から降りて見学するところなのか、施設の中に入場することを前提としているなどの条件があることが多いので、これも予定どおり行う必要があります。さらに「ガイド同行」の表示は、ガイドが見学対象について説明を行うことが旅行の条件となっています。なので、ガイドとして説明は省略してはなりません。

またさらに厳密に考えるならば、ガイドの説明が旅行者に届いて聞こえなければガイド案内をしたことになりません。騒音がうるさい場所やマイク設備のない車両の中などで口頭案内をしなくてはならない場合は、旅行者全員に案内が聞いてもらえるような配慮が必要となります。

ガイド料金をいただいている、いないに関わらずお引き受けした旅行は、当初の予定を着実にこなす。これが契約の履行者としてのガイドの顔です。

◎安全の管理者の顔

旅行者が団体であるかどうか小さい人数であるか、あるいは旅行に旅行会社の添乗員が同行しているかどうかなどの状況にもよりますが、旅行者の安全確保はガイドの重要な仕事です。もしガイドの不注意などで旅行者が被害にあったとすると、ガイドに責任が生じることも考えられます。現にそのような事例もあります。車両の乗り降り、道路横断などの交通安全、足元などが不安定な場所、あるいは、日本国内ではあまり心配はありませんが、盗難などの治安の問題など、これらに対し旅行者に適切に注意を促すのはガイドの重要な仕事です。注意がなかったために旅行者が被害などに遭ったとするとガイドに責任がかかってくる可能性は大いにあるのです。

しかし、またこれとは逆の話になるのですが、注意のし過ぎにも配慮が必要なことも確かです。あまり、気を付けて気を付けて、を繰り返すと、せっかくの旅の雰囲気や旅行者の気分を害すことにもなりかねません。

外国の例ですが、フランスのパリ空港について市内へ向かうバスの中、マイクをもったガイドは移動の小一時間、ほとんどパリの治安の悪さ、日本人旅行者が遭遇した被害についての説明を続けます。もちろんこれはたいへん重要なことで、このような注意をしないことはガイドの無責任になるのだと思います。しかし、旅行者の立場からすると、さあ、これから憧れの花の都パリ！で、せっかく胸を躍らせても、いきなりスリや窃盗や置き引きの話を延々と聞かされると、いささか興ざめであることは否めません。遠くにエッフェル塔の姿が見えてきても、それでもスリの手口を次から次へと説明し続けるガイドもいます。

むずかしいところではあります。空気をみながら、といったところでしょうか。

◎営業担当者の顔

ガイドは観光地を代表して観光地の宣伝を直接旅行者にうったえかけることができる仕事です。テレビ画面や、雑誌の誌面などのいわゆる媒体を通すことなく、直接自分の声で旅行者に宣伝ができる重要な立場にいます。もちろん、旅行者は、すでに観光地に来ているのだから、つまり、観光地を「買って」くれているのだから、いまさら観光地の宣伝をする必要はない、という意見もあるでしょう。

しかし、そんなことはありません。観光地に来てくださった旅行者というお客様には、今回の旅行でたっぷりと満足していただいて、再び訪れてほしいものです。つまり、リピーターとなってほしいものです。あるいは、この感動をお友達に伝えてください、と促すこともできます。

いわゆる、口コミです。実際に観光地を訪れた人の口コミは大変強力です。口コミは最強の宣伝だといって良いでしょう。つまりガイドはリピーターの確保、口コミの発信のための宣伝ができるのです。例えば、春の美しい桜の景色や新緑をご案内しながら、秋の紅葉はまた別の味がありますよ、などと直接うったえかけることができます。このような宣伝はたいへん重要であり、強力です。

実は、もうひとつもっと重要な宣伝の仕事があります。それは、お土産をたくさん買ってもらうように促す宣伝です。ここに来たらどんなお土産がいいのか、意外に知られてないがこんな良いお土産がある、とか、最近人気のお土産はこれだとか。買い物に対するガイドの一言はたいへんインパクトがあります。ガイドさんに勧められたから、じゃあ、買ってみようか、とほとんどのお客様が思ってくださいます。

これも後述しますが、お土産やお店の推薦にはガイドが気を付けなければならない点もありますが、ガイドの一言によってお客様の買い物の量や内容が変わることは間違いありません。さきほどの爆買いではありませんが、地域が観光から受ける経済効果は現在もっとも注目されている観光の産物です。それをガイドは左右するのです。

考えてみると、ガイドほど強力な宣伝メディアはないかもしれません。一般的な宣伝は、新聞や雑誌の広告であったり、テレビのＣＭであったり、ホームページの画像や文字の上で行われます。そこにある文字や画像はそれぞれ商品の魅力を伝えますが、宣伝の対象者がどこの誰なのかわからずに投げかけられています。

そこへ行くとガイドの宣伝は、見込み購買者のすぐそばで行われ、それもリアルタイムですから、反応を見ながら宣伝をすることができるのです。こんな力をもった営業担当者はガイドしかありえません。

第3章

まずはトレーニング！日頃からの勉強

ガイドとはこのような4つの顔の仕事が要求される仕事です。「エンターテイナー」であり、「契約の履行者」であり、「安全の管理者」であり、「営業担当者」でもあります。けっこうさまざまなスキルが求められます。

バス会社や旅行会社、ガイド会社に所属するガイドであると、入社時などにこのようなスキルに関する研修や専門的なトレーニングを受けます。それ以降も、会社によっては定期的に研修が実施されて、ガイドの技量や仕事のスキルが維持向上されるように対策をしているところもあります。しかし、多くの部分でガイドはその技術について、自己研鑽が求められる仕事だと言っていいでしょう。そのような会社や組織に所属しないガイドにとっては、すべてを自分で勉強してガイド能力を保ち、向上させなければなりません。

ガイドの仕事はものづくりとちがって人が人に接しながら行われる仕事です。どのようなお客様なのか、性別、年齢、出身地、旅行経験、職業、好み、等などによって、それぞれ旅行に求めるものが異なります。その上、前述のお天気や体調など、さらにさまざまな要素がからみ、まったく同じガイディングという仕事は存在しないと言ってもいいほどです。このような様々な状況に応じてどのようにお客様に観光に満足してもらうか。その技術はやはり経験を積んでいくことによって得られるものなのでしょう。

そのようにすべてがケースバイケースと片付けられそうなガイド術ですが、しかしそこにはやはり基本ともいえるセオリーが存在します。本書ではそんなガイドの基本的な仕事のやり方について説明をしていくわけですが、その前提となるような、いわば準備運動のようなトレーニングも必要です。そこで本章では、ガイドは日頃からどんな勉強を心掛けていくべきなのかをお話ししましょう。

1．観光地についてさらに詳しく、新しく学ぶ

もし、もう何度も何度もお客様を案内しているので、その場所についてはすべて知っていると思っていても、もう一度自分の地域について勉強しましょう。資料を読み直しましょう、そして地域のことがでている新聞や雑誌の記事を探しましょう。図書

館に行って調べることは必須ですが、最近はインターネットで簡単に検索もできるようになりました。いずれにせよ、あらためて調べてみるときっと何か発見があるものです。

また後でも触れるように、ガイド担当地区に一人で行ってみることは大変重要です。お客様の目になってあらためて説明対象物を見ること、そして、ぜひ近隣の人々や施設で働く人々と話してみてください。ここからも何か新しい発見があります。

ガイド担当地区が市販の旅行ガイドブックなどに紹介されているとしたら、そのガイドブックは必ずチェックしなければなりません。あるいは、観光協会などがホームページでどのようなことを書いているかも知っておく必要があります。お客様がどんな情報をもってやってきているのかを知ることはよいガイディングをするために必須です。

ガイドブックは定期的に改訂されます。ホームページは常に更新されます。ガイドブックの説明文はガイド案内の仇のような気もしますが、なおさらのこと研究が必要です。もちろん最近は紙情報のガイドブックよりはインターネットのホームページで情報を得ている旅行者の方が多いでしょう。しっかりと定期的にチェックします。

2. 時事問題に精通しておく

社会で今どんなことが話題になっているか、どんなことがおきているか、はガイドにとって大切な話のネタになります。適度にガイド案内にいれることによりお客様の注目度はあがります。例えば、「最近もどこかの国の大統領のツイッター発信が物議をかもしていますが、当時のお殿様も……」のような具合で、多少皮肉っぽく、茶化し気味でもよいのかもしれません。

ガイドは基本的にはお客様がご存じない事項を多くお話しします。だからこそ、学校の先生のような仕事になるのですが、ともすると自分は相手が知らないことを教えている、という気持ちから上から目線になってしまう危険性があります。そんな中で、時事問題の話題は、ガイドとお客様が共通の話題を持つ効果があります。お客様に親近感をもってもらうことにもつながります。

新聞をしっかりと読んでおくこと、テレビのニュースも見ておきましょう。NHKも民放もです。チェックすべきジャンルは、当然、多くのお客様が関心をもつ分野ですから、政治や社会の出来事。スポーツ、芸能、あるいはゴシップなど広範にわたります。テレビコマーシャルだってよい話題になるのです。

3. 発声練習をする

ガイドは歌手ではありません（マイクをもって歌をお聞かせすることもありますが）。しかし、自分の声を聞いていただく職業であるという点では、歌手と同じです。テレビ、ラジオのアナウンサー、タレントさん、落語家、お笑い芸人さんたちとも同じです。なので、ガイドの「声」は大切です。お客様にとって、聞いていて心地「良い」声を出せるようにしたいものです。

そのためには、ガイドには発声練習が必要です。中学生時代だったか、音楽の授業で先生のピアノにあわせて音階を発声しましたよね。その練習を繰り返すと、のどは調子がよくなってくるのだそうです。カラオケで歌うことだってきっと効果があると思います。そして、ガイドには聞き取りやすい声にすることも当然求められます。その点では活舌よくしゃべれるようにしておきましょう。ひとりのときに、ちょっと大きめの声で早口言葉を練習しましょう。早口言葉の練習は、30分続けていると必ずうまくしゃべれるようになります（30分はけっこう長いです。かなり疲れます、やってみてください）。

屋内だけでなく、屋外でお客様をご案内することが多いガイドは、大きな声を自然にだせるようにしておきましょう。どんなに興味深い話をしていても、楽しい話題を話していても、声が聞こえなければ無言と同じです。大きな声が出せない人は、外でのガイドはできません。しかし、これもトレーニングです。練習で誰もが大きな声が出せるようになります。

欲を言うと、ガイドの声は多少、作り声的なものがいいのです。コンピューターのような人工音声ではないですが、多少「変な」声の方がよいようです（耳障りではもちろんだめですが）。昔、街の新聞売りは、雑踏の騒音の中で自分の声が目立つように、ちょっと変わった声を出すようにしていたそうです。女性のガイドさんは、一人の時に、おもいきって、ぶりっこ声をだす練習をしてみてはどうでしょうか。

繰り返しますが、ガイドにとって声はすごく大事です。命です。日頃からしっかりと練習しておきたいものです。

4. 話術を学ぶ

きれいで、特徴のある、大きな声が出せるようになったとしたら、次は話術です。どう話すか、です。いつも聞いていると引き込まれるような話をする人がいます。そんな人は、話のネタもさることながら、きっと生まれながらにして人を引き付ける話術を持っているのでしょうね。同じ内容を話しても、話し方によって印象はとてつもなく変わってきます。プロの朗読の何と感動的なことか。話し手さんの周りの空気が他とは違う空気になっているような気がします。ガイド案内もそれに近いです。しゃべり方、話術がたいせつです。

話術は聞いて勉強します。お手本をたくさん聞けば、その話術が身についてくると思います。聞き流すだけで英語がしゃべれるようになる、と宣伝している英会話のCD教材がありますが、あれと同じです。

テレビ番組の司会者のしゃべり方。これが基本です。もちろんいろいろなレベルの番組があり、司会はそのレベルやジャンルとマッチしています。例えば、おちついた文化芸術番組の司会から、ドタバタ系の番組司会まで。自分のガイド案内のトーンにあったものを勉強すればよいのかもしれません。トーンとは、つまり「雰囲気」といってもいいと思います。できればいくつかのレベルをできるようにしておくと、お客様に合わせることができます。

そして、司会とともに、語りの勉強になるのが、落語です。語りの抑揚、スピードの調整、そして間の入れ方。そして噺家さんの表情も注目です。魅力的な説明に通ずるものがたくさん落語にはあると思います。繰り返して見て、聞いてテクニックを盗みたいものです。

テンションの高いバラエティ番組の中にも語りの勉強になるものがあります。登場するタレントさんのしゃべり方に注意をして見てみてください。バラエティ番組のトーンは会話に近いものが多いですから、ガイド案内にも参考になります。

一方、ニュースのアナウンサーの語りは、あまりガイド案内の参考にはならないかと思います。語りに感情がないのでつまらないのですね（逆にニュースに感情があったら問題ですね）。同じく参考にならないのが、大学講座的な番組です。お客様が聞いて下さらない退屈なガイド案内の反面教師として時々見るのは良いと思いますが。

5. 英語の話術の勉強法

英語でガイド案内をする人には英語の話術を練習する教材が必要なので少しご紹介します。以前は英語ガイドの語りの教材を探すのにたいへんな苦労をしました。しかし、誰もがインターネットを使えるようになり事態は一変しています。英語ガイドにとってはたいへん勉強がしやすい時代になりました。

まず、あまり数は多くありませんが、Youtube で tour guide などで検索するといくつか実際のガイド案内の動画が見られます。旅行者の誰かが撮影して投稿したものもあるようです。これらのすべてが参考になるものではありませんが、少なくとも英語で行われる実際のガイド案内がどんなものか、どんな英語が使われているのかはわかります。

また、プレゼンテーションで有名なのがＴｅｄです（ネットで動画を見ることができます。ted.com）。ＮＨＫのテレビ番組でもときどき放送されていますので、ご覧になった方も多いでしょう。知られた番組なので、すでに教材にしている方も多いと思います。Ｔｅｄでは登壇者が20分程度で自分の意見やメッセージを、プレゼンテーションという形でしゃべります。人前でしゃべる英語がどんなものかを知るには絶好の番組です。ただ内容が硬いものが多いため、娯楽性がちょっと足りない気がします。しかし、話し手の表情、ジェスチャーなど学ぶことの連続です。

娯楽性のある英語のしゃべり方が勉強になるのは、アメリカのいくつかの局で放送されている「何とか show」の中の monologue です。Monologue とは、独白のことで、視聴者にむかって登壇者が一人でしゃべります。なかなか理解がむずかしいですが、ジョークが多く入ります。語りのテーマがアメリカ国内の時事問題が多いので私たちには内容があまり理解できませんが、それでも、抑揚や間、テーマとテーマの間に挟む言葉や表現は勉強になります。Monologueだけでなく、ゲストのインタビューも勉強になる部分があります。これはホストの質問もさることながら、ゲストの答え方にも注目です。これらもyoutubeで検索すると断片的ですが見て聞くことができます。ただ、放送権などの制限か、全編を見ることはできないようです。

また、これは話術とは直接関連はありませんが、旅行に関する単語や表現に親しむために、外国のエアラインや鉄道、バス会社、ホテルなどの英語ホームページにある文章を読んでおくこともお勧めします。切符の買い方、キャンセルの手続き、チェックイン時の注意などの説明文が良いです。これらを繰り返し読んだり、音読をしたりしておくと必ずや英語での説明時に役立ちます。

6. 服装の点検をする

お客様のガイドに対する印象のほとんどは外見で決まると言われます。それも第一印象でだいたいの評価がなされてしまいます。それほどにガイドの仕事では、ガイドがお客様の目にどう映っているかは重要なポイントです。

ガイド案内に出かける際にどんな服装で、どう身だしなみを整えて行くかはその時の仕事の際にそれぞれ決めていくべきことでしょう。では、日頃の勉強としての服装の点検とは何か。仕事がない日に仕事用の服装を着用してみて鏡の前に立ち、じっくりと自分を見つめなおすことです。できれば、鏡で自分を見るのではなく、家族や知人に見てもらうのが良いと思います。

仕事に出かける前のあわただしさの中では見えなかった問題点が自分の姿の中に見えてくるはずです。上着に汚れが残っていませんか、しわがついていませんか、色が落ちてないですか。全体としてピシッとした雰囲気がでていますか。お客様の目に、自分が「すてきな」ガイドとして映るのかどうか。これを点検してください。またこれを機会に、ガイド案内業務用の自分の服装を何パターンか決めておくのもよいでしょう。

ガイドの服装はお客様の「非日常感」にフィットしなければなりません。生活の中からちょこっと出てきたという雰囲気を出してはだめです。なので、何か派手目の色をつかったいでたちを考えましょう。足元も忘れずに。お客様はガイドを上から下まで見ているものです。

身だしなみも再点検です。男性は髪をきれいにとかして、女性はあらためてメークをしっかりと決めて鏡の前にたってみましょう。

繰り返しますが、お客様の前に立つガイドは外見が大変重要な仕事です。ガイドはお客様が観光地に求める「非日常」のひとつのパートになるのです。別に映画俳優のようにかっこよくある必要はもちろんありません。しかし、ちょっとだけ「ステキ」である必要はあります。お客様は、ステキなガイドさんに案内されているとそれだけでテンションがあがるものです。

さて、これまでガイドが行っておくべき日頃の勉強についてお話ししてきました。お客様を案内する観光地について、あらためて情報収集をすること、どんな時事ニュースが今話題になっているのかネタを仕入れておくこと。そして、トレーニングとして、発声練習をしてガイドとして「良い」声がだせるようにしておくこと、面白い、感動的な話ができるように語りのテクニックを磨いておく、さらには、服装や身だしなみについて、ステキなガイドさん、と思われるように服装や身だしなみでじっくりと自分を磨き上げておくことをお話ししました。

7．現地を視察する、そして自分もガイドを受ける

日頃からのガイドの勉強があと二つあります。

ひとつは、先ほど観光地の情報収集のところでも少し触れましたが、時折、普段お客様をご案内する自分の観光地に、お客様なしで、ひとりで行って見ることです。いつもはお客様を案内しながら歩く道筋を一人で歩くのです。あるいは、お客様に説明をしている場所にしばらく立って周囲をゆっくりと見まわしてみてください。きっと新しい発見があるはずです。いつもは素通りしていた箇所の、あるアングルからの景

色が意外にすばらしいので、ぜひ写真を撮ってもらおう、とか。普段ご案内しているルートより、足元もよく汚い部分が隠れるルートがみつかった、などなど。

ガイド業も慣れてくると始めは見えていたものも見えなくなってきます。これは大変危険なことです。あらためてガイドとして自分の「商品」を点検してみるのは、当然の任務かもしれません。

そしてもうひとつは、時には他のガイドさんの案内を受けてみることです。当然ながら優れたガイドさんの案内を受けることが勉強になるのですが、なかなかそうもいかないこともあります。

次のプライベート旅行の旅先で、観光バスのツアーがあったらぜひ乗ってみてください。地域にボランティアガイドさんがいるようだったら頼んでみましょう。あと、ちょっと値は張りますが、タクシー観光も手です。いつもは自分が提供しているガイド案内というサービスがどのように提供されているか、をお客様の立場から観察する。これは、まちがいなく勉強になります。

第４章

ガイドの仕事が決まったら やるべき事前準備

新しい仕事が入りました。さあ、準備です。お客様に満足していただけるように準備万端で臨みましょう。世界でも注目されるようになった、日本のすばらしいおもてなしの一つの特徴は、周到な準備にあるといわれます。いわゆる「支度」です。私たちは、仕事が完璧に進められるようにしっかりと準備をしますし、お客様は、相当な準備がされていることを求めます。お客様をお迎えするときの挨拶言葉、「お待ちしておりました」はステキな言葉です。それは、私たちはお迎えする準備作業が完璧に整っています、という宣言でもありましょう。

1．どんなお客様なのか調べる

さて、ガイドとして日時、人数、ご案内するコースや訪問箇所など基本的情報をあらためて確認をするのは当たり前の作業です。成功する仕事の支度で一番重要なのはお客様に関する情報を得ることです。お客様について多く知るほど仕事の成功率は高いと言っていいでしょう。しかし、残念なことにその情報はそう簡単に入手できないのです。上質のおもてなしで知られるレストランや旅館などは、予約を受ける際に上手にお客様の状況を聞き出すといいます。どんな目的でいらっしゃるのか。何かの記念日なのか、何年かぶりに再会する仲間の旅行なのか、などなど。そのようなお客様の目的を理解して、それにあわせたサービスを提供し、さらに高い満足をしていただきます。しかし、残念ながら観光ガイドが事前にお客様と直接コミュニケーションをとれるケースは稀です。もしも電話やメールによるガイドへの直接の予約が行われるとしたら、それはお客様に関する情報を得る貴重なチャンスです。

旅行はガイドなしにもすることができます。むしろガイドを手配する旅行者の方が少数派です。なので、ガイド案内を求めてくださるお客様は、やはり少し何かにこだわりを持って旅行をしようとしている人が多いといえます。ほんのわずかでいいですから、お客様の旅行の背景を調べて、それを心得てお仕事をしましょう。

仕事の予約は電話、ファックス、メールなどで入ってきます。お客様から直接のこともありますし、組織や旅行会社を通じて入ってくることもあります。協会などの組織や旅行会社経由など間接的な予約だとすると、お客様に関する情報収集はたいへんむずかしいです。不可能と言ってもいいくらいです。なので、情報を求めてあまり深追いするのは、苦労の割には成果が少ないので、考え物です。あきらめましょう。しかし、何らかの形で直接お客様とコミュニケーションがとれるチャンスがあったとしたら大変ラッキーです。それは情報収集のチャンスです。実際は電話でお話しすることが理想的です。電話はやはり情報を引き出す最大のメディアです。ファックスやメールでいただいた予約に対してこちらから返答をするわけですが、その返答を電話でできるかどうか検討してみてください。ただお客様は一般的には、メールでの申し込みに対し、不用意に電話が返ってくると気分を害される方もいらっしゃいますから注意しなければなりません。

では、どんな情報を収集すべきなのか。よりよいガイド案内につながるのはどんな情報なのか。

① お客様の概要

お客様が複数であれば（一人旅でガイドを手配する人はあまり多くないですが）そ

のグループの性格。職場仲間か、親戚なのか、学校の同期生なのか等。

② 出身地

お客様の連絡先のご住所をみればわかることですが。

③ 旅行のルート

ここで重要なのは、ご案内する観光地の前後にどんなところを回ってこられるか、です。それによって当方のガイド案内がちがってきます。

④ 旅行目的

旅行の目的は何か、と聞かれて答えが返ってくる方が稀と考えてよいのですが、時々あります。学生の頃訪れた思い出の場所、だとか、美しい写真をとりたいだとか、名物の○○を食べに来た等々。これらはガイド案内に大いに影響します。

⑤ 興味

目的と似ていますが、お客様がどんなことに興味をお持ちか。植物がすきだとか、鉄道が趣味だとか。そんな時は、お客様の関心にあわせるように多少通常のルートを変えて、ご興味に関連した場所にご案内するのがやり方です。

⑥　誕生日

海外旅行だとパスポートなどの関係でお客様の誕生日はけっこう簡単にわかりますが、国内旅行の場合だと事前には滅多にわかりません。ただもしも何らかの事情でわかったとして、旅行中に誕生日の方がおられることがわかったら、ガイドから何か小さなプレゼントをしましょう。そんなサプライズできっと大いに盛り上がること間違いなしです。また、事前ではなく、案内が始まって、その後のお客様との会話の中で、グループの中にお誕生日の方がいることがわかることがあります。そんな時は、ルートの途中で、こっそりとプレゼントを調達するか、もし、手伝ってくれそうな仲間がいたらプレゼントを買ってきてもらい、ツアーの終了地点にもってきてもらうという手もあります。

なお、お客様の誕生日プレゼントに何が相応しいか、日頃から調査して決めておくとよいと思います。当然地域にちなんだものが理想です。できれば、大人用か子供用、男性用か女性用を決めて。

⑦　特別なお食事の必要性、障がいをお持ちのお客様がおられるか

外国人のお客様の場合、宗教上の理由からとることができる食事に制限がある場合があります。そのようなお客様がおられるか、また通常の歩行が難しいようなお客様がおられるかどうか、だいたいは依頼元から情報が入るものですが、お客様に付き添う観光ガイドとして確認は常に必要です。

2. どんなツアーなのか調べて手配を確認する

さて、ガイド案内の予約が旅行会社から入った場合、チェックをしておくべき点がいくつかあります。基本的には旅行会社側から「指示書」などという形で通知されるはずで、その項目は、添乗員が同行しているかいないのかによって異なってきますが、ガイドとして押さえておくべき情報は主として次の項目です。

＊旅行の契約の形態：企画旅行なのか、手配旅行なのか。
＊受注条件：旅行会社がその旅行を受注する際に、何か特別な条件があったかどうか。

＊最終日程表：宿泊箇所、旅行会社などの連絡先が掲載されています。またお客様の手元にある募集用に使われたパンフレットも。
＊お土産店、施設の指定：旅行会社の指定で必ずお客様をお連れしなければならないお店などがあるケースがあります。
＊支払方法：コースに含まれる入場料やその他料金はどのように支払うのか。精算の方法は。
＊バスの配車箇所、時間：初めての場所の場合は事前に下見を。
＊ＶＩＰ：お客様の中に、特別に配慮すべき方がおられるか。どんな配慮が必要か。

これらの他、クーポンや現金なども受け渡されます。また、会社によってはお客様のバッジを使っていたり、アンケート用紙を配る場合もあります。ガイドが記入する報告書が求められることもあります。これらの書類を受け取ります。

また、ツアーの中で予約が行われている箇所がある場合は、各箇所に直接電話をして正しく手配がされているかを確認します。

業界では、この確認を「リコンファーム」と呼びます。貸し切りバスを使う場合は、そのバス会社、食事が手配されている場合はレストランなど。また宿泊が伴う場合はホテルや旅館などの宿泊機関に対して、人数と時刻、その他手配内容が正しいかを確認します。途中で日程が変更されたツアーの場合、時々手配が変更されていないケースがあり得ます。そのままツアーがスタートしてしまうと大変なことになりかねません。実際にお客様と同行する観光ガイドにとって、リコンファームをすることは自分を守ることにつながります。リコンファームによって安心して行程を進めることができるのです。

旅行という商品は企画や手配や経理など多くのスタッフの手を経てできあがっています。どの段階でどんなミスがあったにせよ、ツアーがいったんスタートした後は矢面に立つのはガイドです。確認は重要です。

第5章
ガイド案内のハウツー
——ツアーの流れに添って

ここからは、お客様を観光ツアーにご案内する実地のガイド業務の進め方を、場面場面を追って解説してゆきましょう。

1．お客様との出会い

ツアーの始まりです。ガイドにとっても最高の緊張の一瞬です。どんなお客様なのか。いいお客様であるように、と祈る一瞬です。中には怖い人がいるのか、気難しい人がいるだろうか、ひょっとして事前にはわからなかった身体が不自由な方がおられたら……。一方、実はお客様にとってもここは緊張（？）の一瞬です。今回のガイドはどんなガイドだろうか。きちんと説明をしてくれるだろうか、面白い話で楽しませてくれるだろうか、など不安を持っておられます。しかし、確かなことは、お客様にとってガイドの印象はだいたいこの出会いのシーンで決まってしまうということです。「始めよければ終わりよし」——まさにその場面なのです。

出会いの場所は、駅前であったり、ホテルのロビーであったり、路上であったり、あるいはいきなり車両の中であったり、と様々です。

場所がどこであっても、ここでお客様にお伝えすることは、
① 歓迎の言葉、ツアーの名称（会社名）
② ガイドの自己紹介
③ スケジュール、ルートの確認
④ お願いや注意事項
の4点です。

それぞれについて説明しますが、この出会いの場での説明はせいぜい数分におさめます。お客様は早くツアーに出発したいとうずうずしているはずです。それを察していますよ、という気持ちでお話しします。まとまってお客様にお話しできる場所がバスの中の場合は、一刻も早くバスをスタートさせます。

誰もが経験あることだと思いますが、人は車両の中に身を置いた後、なかなか動きださないとけっこうイライラするものです。なので、これらの出会い時の挨拶や説明は、バスが動き出してからのことが多いでしょう。動き出してすぐ車窓から見どころ

が続くような場合は、挨拶は後回しです。ツアー参加のお礼もそこそこに、「バス右手をご覧ください」となります。残りは、多少景色が落ち着いたところで再開します。では、お客様との出会いの場でお話しする項目についてひとつずつ説明していきます。

歓迎の言葉

最初の言葉です。お客様は初めてガイドの声を聞きます。できる限り明るく元気な声を、最高の笑顔を作って、出しましょう。

「みなさん、おはようございます。いらっしゃいませ。○○へようこそお越しくださいました」

ご案内するツアーに名前があるとしたら、ここでそのツアーネームを確認します。場合によっては、そのツアーを実施している会社の名前を添えます。そして、自分がガイドであること、自分の名前をフルネームで。お客様が若い方たちだったら自分を呼んでほしい名前やニックネームもいいでしょう。

つづけて、お天気や季節の話題を少しだけいれましょう。なお、雨が降っているなどお天気が芳しくない時ですが、あまり、雨なので残念だ、を強調しすぎないように。残念を繰り返すガイドの言葉でお客様はもっと気分が滅入ってしまいます。むしろ、雨を前向きにとらえる言葉が必要です。雨だからこそ見える何かがある、雨だと景色が落ち着いている、等々。もっとも、これもやりすぎるとわざとらしくなりますので適度に。

ガイドの自己紹介

簡単な自己紹介をしましょう。お客様はガイドの詳しい素性など興味ありません。この町のどこに住んでいて何年になる、程度で十分です。これまでどんな仕事をしていたか、等は基本的にはお客様には関係ありません。この人は楽しそうな人間だ、という印象を与えることが目的です。あと、もう一つのポイントは、自分は地元を愛する人間で、この地元に誇りをもっているということもお客様にとっては好ましいポイントだと思います。面白く楽しく伝えられると理想的です。

ここまでの歓迎の言葉と自己紹介の数分ですが、ここでお客様はガイドの印象を決めてしまいます。ぜひとも、今回のツアーはあたりだ！と思わせましょう。

そこで触れておきたいのが「メラビアンの法則」です。この法則はアメリカの心理学者のメラビアン博士のコミュニケーションに関する研究成果のひとつです。その意味するところは、博士の本来の研究結果とはやや違ってきているとのことなのですが、人間の発する情報を「言葉」とその言葉の「聞こえ方」と、しゃべっている「視覚的様子」にわけてそれぞれを比べると、そのインパクトは（言葉）7％：（聴覚）38％：（視覚）55％になるというものです。つまり、例えば、ある人が、たいへん丁寧な言葉を使って話をしているとしましょう。でも、その人のしゃべり方が言葉とは裏腹に極めてだらしがなかったとすると、言葉の与えるインパクトよりも視覚のインパクトの方が強いので、その人が聞き手に与える影響は、ほとんどだらしないものになる、というものです。

この、メラビアンの法則をよりどころにすると、出会いの場でお客様によい印象をもってもらうためには、徹底的に外見がたいせつだということになります。中でも重要なのが笑顔、スマイル！です。歓迎の言葉と自己紹介、服装を正して、立ち姿美しく、最高の笑顔で進めてください。

スケジュール、ルートの確認

今日はどこへご案内するかをお伝えします。何をお見せするか、名前をはっきりと、しっかり伝えましょう。原則的にお連れするところは全部上げましょう。全部名前を言っていると多すぎる場合は、パンフレットやチラシに乗っている箇所はあげておきましょう。ただ、この説明は単に場所の羅列にならないように。多少のメリハリをつけましょう。お客様の期待感を高めるのです。これはすごく大切なことです。「今日はこんなすばらしいお天気なので眺めはきっと最高ですよ。楽しみにしていてください！」とか、「その次にご案内するのがこのルート最大のハイライトです。きっと皆さんこれを見るためにいらしたのだと思います！」というように感情をこめると良いルート案内になります。まだ始まったばかりの出会いの場なので極端にテンションをあげると「変な人」の印象を与えてしまいますが、適度に感情をこめて、お客様の期待感を高めます。そして、だいたいの見学時間も添えましょう。何時にもどってくるのかも必須です。

その他、ルートの確認では、お手洗いの場所、そして途中の買い物できる場所も触れておくとよいです。お手洗いと買い物情報は先出しが原則です。もちろんまたその場でもお伝えします。

お願いや注意事項

移動する際の注意点。足元が悪い個所があること、途中のお手洗いの場所、あるいはお手洗いがないこと、長く歩く箇所があること、交通が激しいところを横切ること、そして、なるべく自分から離れないでついてきてほしいこと、目印（もしあれば）はこれだ、などをお願いします。

人ごみの中の商店街を長く通過するルートが含まれる場合などは、お客様がはぐれる可能性があります。はぐれてしまった場合の合流方法も伝えておきましょう。もしはぐれてしまったら、どこに何時にもどってください、とお話しするか、あるいはガイドの携帯電話番号をメモに書いてお渡しします。

日本で利用できる電話をもっていない外国人の場合でも、メモに、これはツアーのガイドの電話番号なので、ここに電話をかけてほしい、などと書き添えておきます。外国人のお客様には、はぐれてしまったら近くの日本人かお店の人にそのメモを見せてくださいと、伝えておきます。やはり日本人は外国人に親切ですね。けっこうこれで迷子の外国人を救済できます。

このような予定や注意は一回伝えておけばよい、というものではありません。前もって、そしてその場で、が原則です。繰り返してお伝えしてゆきます。

そして、もうひとつ。ガイドとして最初の声掛けになるこれらの説明には必ずユーモアを交えましょう。自己紹介、スケジュール説明、お願い、の中でちょこっとお客様を笑わせることができれば出会いの場は完璧です。

【出会いの場での注意点のおさらい】

＊最高のスマイルでお客様をお迎えすること
＊挨拶とご案内するツアーの名前を告げる
＊簡単に自己紹介――地元をよく知っている人間だとアピール
＊ご案内する場所を告げる――テンション高め、期待感を高めること
＊スタートの合図

2．ツアースタート直後の注意点

そしていよいよツアーがスタートします。集合地点から最初の見学地点へウォーキングかバスに乗ってか、何らかの形の移動が始まります。この段階での案内で、ガイドが心得ておくべきことがあります。

集合場所から動き出し、場面が変わり、新しい空間になると、人間は好奇心が高まるようです。目に入るもの、聞こえるものすべてに対し好奇心をいだきます。そこで、

スタートしたてのガイド案内は多少忙しいくらいが適当です。スタートしてからの何分間は、ガイドは機関銃のように周囲の説明をすることをおすすめします。立ち止まったり、バスを止めてでの説明ではなく、移動しながらの説明になることが多いですから、ひとつひとつに詳しい説明は要りません。極端な話、「あれが交通信号です！」でもよいくらいです（極端すぎますが）。

お客様は、自分が目にしているものをガイドが触れてくれると、特にそのものに対して詳しい説明がなくても、安心をしてくれます。

東京の銀座通り、あるいはニューヨークのフィフスアベニューを走るバスのガイドさんは、「さあ皆さん、首の運動の準備はいいですか？　右はティファニー、左はグッチ、つづいてコーチ、そしてまた右は……」というようにものすごく忙しく店の名前を紹介してゆきます。もちろん名前が知られているブランドのお店だということもありますが、この「忙しさ」にお客様のテンションは上がります。見るものがたくさんある！　これこそ非日常です。もちろん時間が数秒でもあったならば名前だけでなく説明もひとこと加えてください。

「ガラスドアに渋い制服のドアマンが見えます。この前、女優の○○さんが買い物に来ていました。何を買われたのでしょうか」

ブランドショップでなくても、よく見てみると周囲にお客様にご紹介できるものはけっこうあるものです。その土地の銀行やデパートの名前だって、よそから来た方には新鮮です。

通りの名前や渡った川の名前。繁華街の名前、とくに有名ではないけれどその土地のお寺や神社、県庁や市庁舎の前を通ったら知事や市長の名前やそのエピソード。どれも、いわば取るに足らないような情報かもしれませんが、次から次へとこのような紹介や説明をしていくことでお客様のスタート時点の好奇心はかなり満足させられます。

ところで、出会いの場から始まって、このツアースタートの移動段階くらいまででお客様のガイドに対する評価は決定します。スタート時の説明の状況で、このガイドの話をきいているといろんな情報が手に入る、面白そうだ、あるいは、このガイドの話はつまらない、特にきいてもしょうがない、と決してしまいます。

この後のウォーキングの場などでお客様があまり自分の周りに寄ろうとしていないとしたら、残念ながらお客様の印象はあまりよくなかったと思っていいでしょう。次の説明箇所などで気合をいれて挽回をはからないとなりません。

【ツアースタート直後の注意点】
＊矢継ぎ早に目に入るものをどんどん説明——詳しくなくていい
＊ここでガイドの印象がきまってしまう重要な場と心得る

3．歩行移動中の仕事と注意点

ウォーキングツアーならばお客様とガイドは常に歩きます。バスなどのツアーでもバスをおりて見学箇所まで歩いて移動というケースは頻繁にあります。ここでは、そのような状況でのガイドの仕事や心構えを説明します。

まず、歩きながら、あるいは、信号待ちで立ち止まったときなどは、近くにいるお客様に話しかけましょう。どちらから来られたか、〇〇は初めてか、など。できればお名前を聞き出して、覚えましょう。そしてその後はお名前で呼びかけます。お客様のお名前をどの程度覚えられたかは、実はガイドの仕事の成功に深い関係があると言えます。

グループの最後部がどの辺か常に気をくばりましょう。グループは人数が10人近くになるとたいてい小さなグループに分かれてしまいます。面白いものです。10人が一塊になって歩いてくれることはめったにありません。なるべく離れないでください、自動車と違って車間距離を開けないでください! と、出会いの場面ではお願いはするのですが、実はあまり効果ありません。周囲の人混みがどの程度なのかにもよりますが、先頭のガイドは目印を持つべきでしょう。

以前は、観光ツアーはガイドや添乗員が旗を高く掲げて歩くというのが定番でした。

しかし、最近はお客様もあまりそれを好まれないようです。かっこうよくないかもしれませんが、やはり目印はあった方が何かとよいと思います。ガイドさんによっては、明るい色の折り畳み傘を柄を伸ばして目印にする方もいます。また、ガイドの持ち物のところでもお話ししますが、書類を挟んだクリップボードを腕で高く掲げて目印にする人もいるようです。

そんな時は、道路横断時には特に注意が必要です。一度では全体が渡り切れません。基本的にお客様の人数と歩くスピードは反比例します。これも面白いものです。

グループの塊ができてしまった場合、道路横断はどうするか。最初の塊と一緒にガイドもわたってしまって向こう側の歩道で、信号が再度青になって次の塊が渡るのを待つ、か、あるいは、先頭の塊に後がついてくるのを待ってもらってから渡るか、になります。

交通量などの状況にもよりますが、可能ならば、道路横断時ガイドは道路の真ん中まで先に行き、そこで自動車を背にして交通をブロックするような形で立ち止まり、お客様の横断を見届ける、というのが安全確保を意識したやり方です。

歩く道路によっては、お客様が歩道を横に広がってしまい、他の歩行者の邪魔になりそうな時があります。そんな時、片方に寄るように指示をするのはガイドの仕事です。歩きながら時々後方をチェックしましょう。どの場所でお客様が広がりがちになるかなどは、慣れてくればわかります。

移動しながら、スケジュールの確認をします。「次は○○をご案内します。もうちょっとです」などを繰り返しましょう。お客様は今どこに向かっているか意外にわかっていなくて、けっこう無頓着なものです。なので見学先は何度も繰り返してよいと思います。

ところで、移動時は屋外でもありますし、ガイドも歩いているので声の伝達率が極めて悪くなります。加えてお客様は散らばっていますし、騒音もあります。よく聞こえないけどガイドが何か言っている、という状況はガイドの良い仕事にとって大いにマイナスです。声を届かせる工夫が必要です。もちろんすごくうるさい場所ではしゃべらない、という方法もあります。

また、これは後でも触れますが、しゃべるときの顔の向きは大いに伝達率に影響します。そこで、しゃべるときはその時だけ後ろのお客様の方を向いて後ろ歩きをする、というのも有効です。

足元が危ないので、障害物がないことを確かめて後ろをむいて、大きな声で、場合によっては片手でもいいから手でメガホンを作って伝えます。ハイキングなど歩くことが目的であるツアーは別ですが、ウォーキングツアーでは原則的に歩きながらでも1分以上ガイドは沈黙してはなりません。1分経ったら停まって説明をいれるか、あるいは、上記の後ろ歩きで説明をするかがテクニックです。転ばないように十分気を付けて。


移動のために歩きだすとき、そして、その後次の見学地に到着したとき、その場所の名前を告げます。「次は〇〇にご案内します。ではまいりましょう。どうぞ!」は歩き出すときの号令みたいなものです。

そして、移動を終えて到着した時は、「はい、○○にまいりました。いかがですか？きれいですよねえ！」などと場所の名前を繰り返し伝えましょう。○○の名前をはっきりと発音することは当たり前ですが、すごく大切なことです。ガイドにとって何百回も口にしている言葉でも、お客様にとっては初めて聞く地名であることが多いのですから。

もし、グループの中に健常者のように歩くことが難しいお客様がいらした場合はどうしたらよいか。事前の情報なしにこのような状況になった場合、もちろん、これはお客様が実際にどの程度の状況なのかによって大きく異なるので、一概には言えませんが、全体のペースを原則としてはその方のペースに合わせるべきでしょう。

そして場合によっては休憩時間を増やします。結果的に、全体としてペースは落ちることになるので、予定されている箇所すべてに行くことができないかもしれません。また見学場所のアクセスの状態によっては、そのお客様だけ別の場所でちょっと待っていていただくということもあるかもしれません。

いずれにせよ、グループの他のメンバーの方の理解が必要です。現実的には理解が得られないことも考えられます。しかし、もしその場でガイドが判断をしなければならないとしたら、やはり、そのお客様のペースに合わせる、というやり方が妥当だと考えます。

【歩行移動中の注意点】
＊お客様と個人的におしゃべりをするチャンス。名前を聞き出して名前でお呼びする。
＊グループの最後がどのあたりか常にチェック。横の広がりもチェック
＊安全管理：，道路横断時は多少オーバーにお客様を守るジェスチャー
＊可能ならばガイドは後ろ歩きをして語りを続けて。
＊次はどこにご案内、今、どこに向かって歩いているのか、どこに到着したのか、を告げる。

4．見学箇所での説明

どこで説明するか

さて、移動を終えて見学箇所に到着しました。では、これこそがガイドの本業ともいえる、見学箇所の説明の仕方と注意点をお話しします。ここでは屋外での案内を想定しています。

まず、どこで説明をするか、の場所についてです。例えば、上野の西郷さんの像について説明するとしましょう。それは、西郷さんの前に決まっている。それはその通りなのですが、もう少し詳しく場所、あるいは位置を設定してみましょう。

当然のことながら、お客様にとって一番見やすい場所をガイドは確保してお客様を誘導します。もし、そこに他の見学グループがいたとしたらちょっと競争になりますが、そこは自分のお客様のためにがんばらないとなりません。

「よい場所」として考慮すべき点がいくつかあります。まず太陽の向きです。簡単に言えば、ガイドは太陽を背にしてはいけません。ガイドは西郷さんを背にするのですが、さらにその後ろに太陽がきては行けません。時刻によってどうしてもガイドの後ろに太陽が来てしまうときは多少でも向きを変えます。もちろん、ガイドの背に太陽がくると、お客様は逆光で西郷さんを見ることになるからです。当然よく見えません。写真でも西郷さんが黒くなってしまいます。なので、お客様にとって順光となるポジションに誘導します。

だいたいお客様は列になって歩いてきた形でそのまま先頭のガイドの話をきく態勢に入ります。もし太陽の位置の関係で列の向きを変える必要があるときは、細かい話ですが、いったん説明のポジションを行き過ぎて振り返ってもらって西郷さんを見てもらうようにすると、お客様の列の角度を変えることができます。いったん立ち止まって、その後で、ではこちらの方向に動いて並んでください、と移動をお願いするよりはスマートです。

次に風向きです。もし太陽の問題がないとしたら、ガイドはできるだけ風上に立ちます。その方がお客様に声がよく届くからです。あと、当然ですが、他の見学グループとの間隔も考えなくてはなりません。近づきすぎるとガイドの説明がダブってしまいます。ただ、これらの条件をひとつひとつ考えているとどこにも行けなくなってしまうので、その時の状況で何を優先するか判断すればよいでしょう。

ついでながら、しゃべるときのガイドの目線についてです。人前で話すガイドは、プレゼンテーションをしているようなものですね。プレゼンテーションのルールのひとつに聴衆全体を眺めながら話すというものがあるそうです。そういえば、ガイドも同じです。お客様の人数にもよりますが、ガイドの目線はなるべく一カ所に留めないで、お客様全体を順繰りに見るようにしましょう。いわゆる、顔降り扇風機スタイルです。バスの中だとすると、自分に近い前部の右側、後方、前部左、というような順番で視線を動かすといいでしょう。

雨が降っているときのことにふれておかなければなりません。雨が降っている観光ツアーではお客様は傘をさしていらっしゃいます（白人の外国人男性はあまり傘をさしませんが、フードをかぶったりします）。これがガイド案内にはやっかいです。傘をさしていると、雨粒が傘をたたく音が実はかなり大きいのです。そのため、ガイドはさらに大きい声をださなければなりません。もし近くに道路があるとすると、そこを走る自動車のタイヤの雨音がもっとうるさくなって騒音の状況はさらに悪くなります。こんな状況の時は、その場所での説明はあきらめましょう。西郷さんをまずはしっかりと見てもらって、もし近くにもう少し静かな、理想的には、あずまやのひさしの下とかがあればそこに場所を移してあらためて説明をするといいと思います。

ガイドの声が聞こえないと、お客様はだんだんガイドから離れていきます。聞こえないならば近寄ってきて聞いてくれればよいのにと思うのですが、どうせ聞こえないからいいや、という気持ちになるのでしょう。たいていは遠ざかっていきます。こうなったらガイド案内は失敗です。そうならないために、お客様にはしっかりと声をとどけなければなりません。

まずは大きな声をだすこと。前述の通り、大きな声が出せない人はガイドには不向きです。しかし、訓練でかなり大きな声がだせるようになります。練習です。次に、たいへん大切なのが顔の向きです。声の指向性を考えます。

これには簡単なルールがあります。ガイドは、お客様が視野に入っていない時はしゃべってはなりません。また、説明の対象物が視野に入っているときもしゃべってはいけません。慣れていないと、いったん、西郷さんに向かって立っているお客様に対峙した位置に立ってはいるものの、説明をするときは自分も振り向いて西郷さんを見ながら説明をしてしまいます。これでは、ガイドの声が聞こえるのはお客様ではなく西郷さんになってしまいます。つまり、ガイドは対象物を見ないで対象物の説明をするのです。

これは身体で覚えなければならないガイドの基本です。対象物が見えているときは口は閉じたままです。頭と口にたたきこみましょう。

ところで最近はワイヤレスのＰＡが普及してきています。お客様にはイヤホンセットをもっていただき、ガイドはマイクと発信機をもって説明します。これだとお客様に声をしっかりととどけるという労力はほぼ不要です。ガイドにとっても、お客様にとってもありがたい機器です。

この機器を使ってガイド案内をする際の注意点をいくつかあげておきます。まず設定にちょっと時間がかかることです。お客様側は、イヤホンを耳にさし、携帯ラジオのような小さい機械を持ちます。そして音声チャンネルをダイヤルなどであわせます。これだけの作業なのですが、全員に音が届いているか確認するまでにけっこう時間がかかります。機器類の操作に慣れていないお客様がいる場合など想像以上に手間取ります。

次にガイド側の問題です。マイクを使うのでガイドは大きな声を出す必要がありません。マイクと口元の距離によっては、ガイドはひそひそ話でもお客様に情報を届けられます。しかし、これはガイド案内としてはマイナスだと思います。

この際、ガイドは、ボリュームを絞って、思い切ってマイクを口元から離して大きな声でしゃべるべきだと思います。そうしないと元気のない、テンションの低いガイド案内になってしまいます。もちろんお客様側もイヤホンなので、あまり大きな声では耳がいたくなってしまうので問題ですが、眠いような声のしゃべりかたは避けなければなりません。もっとも美術館の中など、本来ガイドが大きな声をだしてはならない場所もありますので、その辺は臨機応変に。
もうひとつガイドの位置の問題があります。ワイヤレスPAを使うとしゃべり手のガイドと聞き手のお客様の距離は不問になります。（電波がとどかなくなるような距離の問題はありますが。）そうなると、ガイドはお客様がどこにいるか、何が今お客様の視野に入っているかを必ずしも把握せずに説明をすることになります。「その右にある蓮の花は高さが2メートルあって……」などと説明をしてもお客様は全然ちがう場所で違うものを見ながらガイドの声を聞いているかもしれません。ワイヤレスPAは音声を機械で飛ばしてくれますが、画像は飛びません。ガイドの説明対象が全員のお客様の視野にある、ということをまずガイドは確認をしてから説明をしなければなりません。

【説明する場所に関する注意点のおさらい】
＊お客様の目に太陽が入らない場所を選ぶ
＊ガイドは風上に立って説明する

＊大きな声で、必ずお客様に向いて声を出す
＊対象の最寄りがベストの位置ではないこともある。雨天時などは屋根の下に移動
＊ワイヤレスＰＡを使うときもそれなりのテクニックや注意点がある

説明の内容——どう語るか

さて、では要のツアーの中でも主要な観光対象の説明に入りましょう。ガイドとしてリキをいれて説明をして、お客様に感動して納得してもらいたいものです。

まず、話し方のテクニックから。

① 説明は、語るような口調で、質問を投げかけながら

言うまでもありませんが、読み上げ調は絶対ダメです。原稿を見てはいけないということではありません。手に持ったメモをちらっと見るくらい問題ありませんが、原稿を読み上げてはいけません。それではオーディオガイドの音声を聞いているみたい

なものです。ガイドの案内は人間が語るからよいのです。ガイド案内のテキストが用意されている場合もあると思います。そのテキストが、そのまま語れるような文章になっているときでも、その文章をそのまま使うことはあまりおすすめしません。

できれば、そのテキストを一度読み、説明している項目やキーワードを抜き出し、自分のメモに箇条書きのように書き出すと良いと思います。それを見ながら自分の言葉で説明するのです。そうすると読み上げ調ではなくなります。

お客様に語りかけるようにしゃべりましょう。調子には、いわゆるメリハリをつけて。一本調子にならないように、強弱をつけ、適度に間をいれましょう。そのような雰囲気の語りにするためには、説明の中に自分の感情や気持ちを入れ込むとうまくいきます。

「こんなお城を1年で作ってしまうのですから、たいしたもんですよねえ!」とか、「さぞかし、当時の女性たちにはもてたんでしょう。うらやましいかぎりです!」などと自分の感情を入れてみます。そうすると説明に表情がでてきます。また、自分の経験談も有効です。「私も、小学生のころよくこのあたりに来ました。夏場は蛍がめちゃくちゃきれいなんですよ。信じられないほどです」とか、「実は先週このあたりに来てみたんですが、そうしたら、もうけっこう土筆が顔を出していました」というように、気持ちをこめて、語りかけるように話しましょう。

お客様に対する質問も適度におりまぜると効果的です。クイズ形式もいいでしょう。ただあまり頻発しすぎると嫌がられてしまいます。そして、基本的には答えがでることはあまり想定しない方がいいです。若いお客様はまず答えてくれません。シニアが多いグループだと、それでも控えめには解答してくれます。

その点、外国人のお客様は答えを出してくれることが多いので、コミュニケーションが双方向になっていい雰囲気が作れます。クイズでは、ご褒美のちいさな品をあらかじめバッグにいれておいて、正解を答えてくれた方に差し上げるのもよい演出です。

② 面白い説明に。ユーモアが肝心。適宜ジョークを

何といっても面白い話を聞いているときは、人間はいい気分になるものです。人間は本能的に笑いと楽しさを求めるのかもしれません。誰だって、笑い声がおこっている集団は気になります。近づいて行って、仲間に入りたいと思います。ツアーが終わ

って、「楽しかった！」と思ってくださるようなガイド案内には必ずユーモアがつきものです。

ガイドは「笑い」を提供する仕事です。こういうと反論される方もおられると思います。ガイドは、地域の文化や歴史、自然のありさまや重要性をしっかりと旅行客に伝えるのが仕事であり、旅行者はそれを求めている。芸人とはまったく違う。確かにそのようなお客様もおられます。しかし、なんといっても人々は旅に楽しみを求めています。どんな旅人も、楽しさを得て文句を言う人はいません。歴史文化、自然の様子を、面白く楽しく説明ができるように準備しましょう。

普段からジョークなどを飛ばす人は、いまさら特段の準備は必要ないかもしれません。そんなガイドさんは、説明をしながら自然に笑いをとれるおしゃべりができるのでしょう。しかし、自分はあまり面白い話が得意でないと思う方は、「笑い」を勉強をしましょう。しゃべりのどんな話が笑いを呼ぶのか。もちろんダジャレでもいいと思います。前述の落語とかバラエティ番組とか、普段から関心をもって見て、笑いの素を集めてみましょう。

③　特別感を出す

これはお客様にとって、ご自分が参加した今回のツアーが特別なんだ、という印象をもってもらうことです。

ちょっと陳腐ではありますが、「お客様、ほんとうにラッキーです。昨日まではずーっと雨が降ってきれいな山が全然見えなかったのですから。今日はこんなに見事に見えます！」的な語りがあります。お客様は、ちょっとオーバーなんじゃないの、と思いながらもまんざらではないはずです。

添乗員の仕事をしていると、同じ観光地に何度もお客様をご案内することになります。アジアのちいさな村を通過しているときに地域のお祭りのシーンに出会いました。伝統的な服装をした地元の方数人がお供え物を頭に乗せて歩いています。すると、案内してくれているガイドさん、バスのマイクをとって曰く「お客様、ほんとうについてますよ。このお祭りはなかなか見られないのですから！」と。でも、思い出したら前回この村を通ったときもガイドさんが同じ事を言っていました。このような演出は、お客様に特別感をもっていただくために効果的だと思えます。

④　お客様がご存知ないだろう言葉には、説明を

外国からいらしているお客様に、例えば「日光東照宮は徳川家康を祀っています」と説明してみても、その意味するところは多分わかってもらえないでしょう。日本人ならば誰でも徳川家康が誰だか知っています。しかし外国の方だとすると、ちょっと日本の歴史を勉強した人でないと徳川家康と聞いても分からないはずです。人の名前だ、ということさえわからないでしょう。

日光東照宮もそうです。ニッコートーショーグーと伝えてみても、これこそわかりません。食べ物の名前だと思う人もいるかもしれません。そこで、ニッコートーショーグーには、最後に、神社を意味する、シュラインという言葉をおぎなってわかってもらいます。この要領で、徳川家康は、徳川幕府を開いた人。そして、徳川幕府とは17世紀から300年近くつづいた将軍の政権、とかの説明が必要です。ちなみに、人気の英語による日本の紹介サイト、Japan Guideには、日光東照宮をこのように説明してあります。

Toshogu Shrine (東照宮, Tōshōgū) is the final resting place of Tokugawa Ieyasu, the founder of the Tokugawa Shogunate that ruled Japan for over 250 years until 1868.

この説明ならば、日本について、あまり知識がない人にとって、少なくとも何がどうなっているのか、はわかります。

実は日本語のガイド案内でもこのような注意が必要です。人の話を聞いているとき、わからない部分があると聞き手はどんどんと興味がうせていきます。大学の授業でもそうです。わからなくなって、教授の話についていけなくなると学生は寝てしまいます。観光ガイドは、聞いてもらうためにお客様が「わからない！」と思わせてはならないのです（大学の教員もまったく同じなのですが。耳が痛いです！）。

「16世紀に、上杉謙信によって富山城を追われた城主に替わって富山城に入ったのが佐々成正です」という説明があるとします。今は郷土博物館になっている富山県富山市の富山城を案内するときの一節です。佐々成正は「さっさなりまさ」と読みます。あまり知られた人物ではありませんが、調べてみると歴史の教科書に、小さくですが出てくるには出てきます。しかし読めなかった方の方が多いのではないでしょうか。

こんな場合は、「富山城に入ったのが佐々成正です」と言い切ってはいけません。お客様は、サッサナリマサが何ものだかわからないまま説明を聞くことになります。これではダメです。「佐々成正とは、織田信長に仕えた武将の一人ですが、やがては秀吉と対立し最後は切腹を命じられました」などと付け加えれば、お客様の、わからない感は払しょくされるでしょう。

このように地元の自分たちは当たり前のようにわかっていても、お客様はまずわからないであろう、という言葉の多くは、人名と土地名です。サドガシマが佐渡島だとわかる外国人観光客は少ないでしょう。「サドガシマは、日本海の新潟市の沖合にある島です。新潟市は東京がある本州（島）のちょうど反対側にあります。ロシアの方向です。日本海は日本とロシアの間にある海です」くらいの説明が必要になるでしょう。繰り返しますが、ガイドの話をわかっていただくのが基本です。えらい大学教授の難しい講義とは違うのです。とにかく易しくやさしく話します。わかってもらえそうもない人名や地名、あるいは出来事、イベント名は必ず説明を加えましょう。さもなければ、いっそその言葉は使わないことです。と同時にここでの注意点は、お客様がどんな言葉がわからないか、を見極めることです。これは経験的にわかってくることですが、初めのうちはお客様に聞いてみることでしょう。「佐々成正って誰だかご存知ですか?」と聞いてしまいましょう。

英語でご案内する場合は、人名、地名、イベント名などの固有名詞は絶対その言葉だけでは使いません。必ず、その性格を表す言葉、政治家だとか、武将だとか、作家だとか、お祭りだとかとくっつけて使います。「竿灯まつりは秋田市で8月に開催されます」と言うとしましょう。

Kanto Matsuri Festival takes place in August in the City of Akita. というように説明します。ちなみに、このKanto Matsuri Festivalは、matsuriとfestivalと同じことを言っていておかしい、という人がいますが、別に問題ないと思います。やがて、

matsuri が festival の意味なのだと理解する人がでてくる可能性もあってむしろよいことではないでしょうか。Akita も同様です。秋田市で、と聞いて、日本人は秋田は東北の県か市の名前だとほどんどの人が知っています。

しかし、外国の方は必ずしもわかりません。Akita がどこかの建物の名前だと最初は思うかもしれません。なので Akita が市の名前だ、と伝える必要がでてきます。そこで、in the City of Akita. となります。当然、これら Kanto, Matsuri, Akita の単語は、多少ゆっくりと、そして、意識的にクリアに発音するようにします。

⑤ お客様がご存知であろう言葉を使う

逆にお客様はガイドが説明している事項と自分の知っていることが結びつくと納得感を持ちます。先ほどの佐々成正の説明時の、織田信長がそうです。織田信長がどんな人物だったかは当然知っていますから、ああ、その子分だったんだ、などと聞くとなんとなくわかった感覚になります。

「皆さんは大河ドラマをご覧になっていますか。タイトルバックで主人公が馬に乗って疾走する場面がありますよね。あの馬ですが、実はここの地域の馬が使われています」とか。こんなところで、日頃の勉強のところでお話しした時事の話題が生きてきます。大河ドラマ、というガイドとお客様の共通の話題ができると納得感が高まります。共通の話題を仕入れるためにも、お客様についての事前準備が必要になってくるのです。

外国からのお客様をご案内する場合は、その国の地理や政治状況などの基本的な項目はもちろん調べておく必要がありますが、最近の出来事のチェックも必須です。どんな事故や災害があったのか、政治家たちがどんな動きをしていたか、などなど。要人往来も情報として重要です。ガイドが自分の国についてよく知っている、という状況はお客様にとってうれしいものです。自分の国も日本では有名なんだ、という誇りにもつながるのでしょう。

⑥　聞き取りにくい言葉は使わない

これは日本語でご案内する際の注意点になりますが、ガイドの説明に、一般的に熟語は避けるべきです。「その先にショップがありますが、入場は任意です。」などと説明するガイドさんがいます。「入場」は、まだ問題ないと思いますが、「任意」は、文字を読めばもちろんわかるものの、聞くとわかりづらい言葉です。ここは平易な言葉を使って、「希望される方だけお入りください。」などとした方がよいでしょう。

繰り返しになりますが、ガイドは活舌がよくなければなりません。しっかりと練習をしておきましょう。そして、お客様の前にたったら、マイクをもったら意識的に言葉をはっきりというようにしましょう。口の動きを大げさ目にするのです。そうすると聞こえはだいぶ改善されるはずです。

英語の場合は、固有名詞はすべてしっかりと音節ごとに発音します。トウキョー、キヨート、ヒロシーマなどは、知られた言葉なので心配いりませんが、それ以外は音をくっきりと、そして言葉の前後に、わずかな間をいれてわかってもらいましょう。音の流れの中で、どこから固有名詞が始まり終わるのかがわかるようにしてあげます。例えば、先ほどの佐渡島の英語の説明、

The City of Niigata is on the other side of the Honshu Island, where Tokyo is located. だとすると、ホンシュー、の前後でわずかな「間」をいれて話します。ニイ

ガタの方は、その前に「市」だ、と聞こえているので必ずしも間はいらないかもしれません。

⑦　県内客、県外客、そしてインバウンド客、説明内容の違い

観光ガイドはご案内するお客様によって説明の仕方や説明そのものの内容を変化させます。私たちは普段から無意識に話す相手によって話し方を変えていますから、これは当たり前のことかもしれません。小さい子供に何かを説明するときは、大人同士の説明とはちがった言葉をつかったり、子供言葉の話し方になったりするはずです。優れた観光ガイドはお客様の興味関心によって話題を調整します。

例えば、お客様が美術がお好きだとわかったら、説明も美術のトピックを入れるようにします。そのことによってお客様は親近感を感じてくださり、きっと満足感は高まることでしょう。思えば、これは機械のオーディオガイドにはできない芸当です。人間のガイドとしてはぜひともここで機械と差をつけたいものです。

ところで、北海道の観光ガイドは、道外からやってくるお客様をご案内するときに、他の都府県と比べて北海道がいかに面積が広いか、また本州以南とは大きく異なる北

海道の季節や美しくも厳しい冬の景色などについて説明します。この説明を聞いて旅行者はいよいよ遠いところにやってきた、という非日常感を強めます。旅の満足感が高まります。しかし、同じ道内から来られるお客様を案内するとしたら話は異なります。このような北海道の広さや季節の話は場違いです。その代わりに、道北、道東など、北海道でももう少し狭い地域の特徴についての情報を語ります。

つまりは、お客様が知っているであろう情報は説明せず、ご存じないであろう情報を提供します。非日常につながることを語る、これが基本です。都会から来られたお客様には、農村部の話題を、地方から来られたお客様には都市部での生活についてご案内します。

そして、これが外国人観光客へのご案内となると説明内容の大きな違いを意識しないとなりません。日本語による日本人旅行者への案内をそのまま外国語で言い換えたとするとおそらくお客様はガイドの説明にほとんど感動しないでしょう。日本人同士ならば、日本の歴史や文化、生活などはある程度共通認識として誰もが持っています。しかし、インバウンド客はちがいます。一般的に日本の歴史についての知識はほぼゼ口です（当然です）。その他、日本の文化や社会についての知識は、写真やテレビなどで得たなんとなく抱いているイメージ程度のもののはずです。当然関心の対象もちがいます。外国人を案内する観光ガイドはこのことを常に頭に入れておかなければなりません。

一般的にインバウンド客の日本滞在期間は長めなので、ご案内する場面が旅行日程の中のどのあたりなのか、到着直後なのか、あるいは、もう離日が近い頃なのかによっても説明内容は異なってきます。到着後早い段階でのご案内では、いわゆる「日本とは」的な説明を多く含めます。　国土や季節、物価、営業時間、治安などについて話します。　しかし、ご案内のタイミングが旅行の中盤以降であることがわかったら、すでにそこまでのガイドが同じ話をしている可能性があるので、お客様がもう説明を聞いたかどうかチェックした方がよいでしょう。

インバウンドのお客様に対しての説明でもっと重要なことが、日本に対する関心の違いに応じて説明内容を変化させることです。上野の森の西郷さんの像の説明をするとしましょう。日本のお客様だとすると、西郷さんと聞けば、おそらくほとんどの人があの迫力ある顔を思い浮かべることができるでしょうし、西郷さんが幕末の時代に活躍した人だということも知っているでしょう。しかし、インバウンドのお客様は、日本のことを特別に研究している方でない限り、そんなことはまず何も知りません。江戸時代の鎖国が終わり日本が開国したことはもちろん、サイゴーサンについても何のことなのかわかりません。像を見れば体格が立派なので、スポーツ選手なのかと思うかもしれません。なので、西郷像に対する説明は、日本人客と外国人客ではかなりちがってきます。

外国人旅行者への説明だとすれば、例えば、まずこの像が1898年に建てられたことに続けて、この人は、日本が19世紀にそれまでの鎖国政策をやめて外交を再開することに貢献した人物で、私たち日本人の尊敬を集めていることをまず話します。

その後は、鎖国時代はサムライとよばれる国民は頭髪がチョンマゲであったが、西郷さんは新しい時代を取り込み、普通の髪型であること、サムライには独特の服装があるけれども、この西郷さんは浴衣という種類の着物をきていて、これは、西郷さんの気さくな性格を表していること。しかし、刀は帯にさしていること。そして、連れている犬については、ちかごろは海外でも秋田犬が多少知られてきたので、これは秋田犬ではなく薩摩犬という種類であること、薩摩は西郷さんが生まれた日本の南端の地域の名前で、今は鹿児島という、などを説明します。映画の「ラストサムライ」はこの頃のお話だそうですから、この映画の話題を少し入れてもいいかもしれません。これが、外国人の日本の知識が、サムライ、ニンジャ（の服装）、アキタ犬程度であると想定した観光ガイドの説明です。

県外から来てくださったお客様、そして、海外から来てくださったありがたいお客様。これらのお客様がもっておられる説明対象についての知識はどの程度なのか。観光ガイドの案内はこれに応じて臨機応援に変化させせないとなりません。

⑧ 視線を誘導する言葉を上手に

ガイドは原則的にお客様に対象物をご覧いただきながらその説明をします。ガイドは説明対象がお客様の目に入っているものとして説明をします。目の前に、でんと大仏様がある場合はあまり気にすることはありませんが、往々にしてお客様の視線を説明対象まで誘導する必要がでてきます。ちょっと遠くにあるものの説明をする場合は、たいていそうです。

そんな時、最もいただけないのが、ガイドがちらっとその方向をみて、あるいは、手を伸ばして方向だけをしめして、すぐに「あれが……」「これが……」で説明を始めてしまうケースです。対象物がどの程度目立つか、どの程度見つけやすいかにもよりますが、お客様は、どれだろう？　と思いながらガイドの説明を聞きます。効果は激減です。何の説明だか不明のまま説明を聞くことになります。だいたいですが、「あれが」「これが」が多いガイドさんはまだ駆け出しだと思っていいようです。

移動している道路沿いの対象物ならば、ガイドが手で方向を示し、「あのお寺が……」でお客様は迷うことなく見てくださるでしょう。しかし、手で方向を示す場合は、なるべく対象の色や形の説明を付けましょう。「きれいな緑色の屋根のお寺がご覧になれましたか。このお寺が……」。

また、遠方の景色の中で対象物を特定する場合は、いったん何か誰もが見つけられるものに誘導して、そこから視線を移動します。「ちょうどまっすぐ前に赤い鉄塔がありますよね。では、そこから真下に少し視線を下すと白い建物が見えますか。今度はそこから今、降りたくらいの距離を右に移動してください。そこにお寺があります。茶色っぽい屋根ですね」といった具合です。

移動しているバスの中でちょっと遠い対象物にお客様の視線を誘導する方法が、時計の針の方向です。時計の文字盤を想定して、自分が文字盤の中心にいるとして、真横の右が3時の方向です。反対側の真横の左が9時の方向。また、「バスの前方」と言えばよいので、普通は使いませんが、真ん前は12時の方向です。真後ろは6時の方向（真後ろは見えませんが）。実は、斜めの方向の時に、この方法は威力を発揮します。右斜め前は2時の方向です。前方ちょっと斜め左は、11時の方向、といった具合です。

ちょっと軍隊っぽい雰囲気になるかも知れませんが、けっこう便利な方法です。英語でも使えます。In the direction of ten o'clock, you can see … などの使い方です。ただ、バスだと走行しているうちにどんどんと視線の方向は変化していきますので、その「時刻」も変化していきます。変化がゆっくりの遠めのものを指し示すときに使う方が安心かもしれません。

ところで、これはガイド説明の基本ですが、お客様に向かって説明していると、左右がお客様と逆になります。お客様から見ての「右手の方」は、ガイドは、自分にとっては左手です。ガイドは自分からみての左を意識しながら声では「右手の～」と言います。

ちょっとまどろっこしくて、ベテランガイドでも時々左右を間違えて言ってしまうことがありますが、この説明の左右の逆は、練習していれば必ず慣れるものです。これはあるガイドさんから聞いた話ですが、例えばバスの前方でお客様に向かってお話をする前に、ガイドから向かって右側のシートの上に、大きく「左」と書いた看板が、左側のシートの上には、「右」と書いた看板がたっているのを想像すると自然と左右を逆に言えるそうです。

⑨　お客様の目に入るものはすべて説明する

さて、ガイドは自分がお話ししたい対象だけを一生懸命説明する習性があります。もちろん悪いことではありませんが、お客様の関心は意外に説明対象から離れて、もう他のところに行っている可能性があります。ガイドは、ツアー本来の見学地、対象だけでなくお客様の目にはいるものはすべて説明する必要があると心得ておきましょう。ツアーの目的である見学先でない対象は特に詳しく説明する必要はさらさらありません。先ほども述べたように、極端に言えば、それがなんであるかを言えばそれでけっこうお客様は納得してくださいます。上野公園の西郷さんの前に今、いるとしましょう。ガイドが一生懸命西郷さんの話をしているときにもうきょろきょろと他に目を移しています。なので、西郷さんの説明が終わった後で、「皆さんの左にある二階建てのおしゃれな建物はイタリアンレストランです。けっこうお味が評判のようですよ。右の下の駅は、もちろん上野駅です。山手線や高崎線が発着します。新幹線ホームは地下にあります。後ろを向くと壁の上の方にパンダの顔が描いてあるビルは、電器店の○○です」といった感じです。

逆にお客様には見えていないことについて説明しなければならないこともあります。歴史や地理のこと、その土地の生活や産業のことなどです。これらはお客様にお伝えすべき重要な情報なのですが、目に見えないことの説明をするときは、お客様の様子に注意する必要があります。あまり聞いていない人が多いと思えたらその話は早めに切り上げた方がよいかもしれません。どうしても、実際に見えないものの話は学校の授業にように聞こえてしまうのでしょうか、不評であることも少なくないようです。

ところで、このような目に見えない話題に入るときは、できれば、何か目に見えているものから繋げてゆくとお客様の関心がつながる可能性が高いと思います。例えば、周りにきれいな住宅か高層マンションなどが見えてきたら、いったんその家やマンションについて少し説明をして、「ところで、このあたりの住宅の価格は……」とかつなげていきます。

また、仮に住宅事情の話をしているときにでも、何か別の説明すべき箇所が車窓から見えてきたら、住宅の話をちょっと中断してその箇所の説明をしましょう。「話の途中ですが、ちょっと進行右手をご覧ください」――これも、このガイドさんはしっかりと説明をしてくれる人だ、という印象に繋がります。

⑩　質より量

観光ガイドの語りは学術的な学会の研究発表ではないのですから、説明は特に詳しく学究的である必要はありません。ためになる、学びが多い、よりも、楽しい、面白い、が大事です。なので、ガイドの案内は説明の質よりも量だと言っていいでしょう。一般的に言って、たくさん話してくれた、という印象を与える方が満足感が高いと思います。一つのことを深く詳しく説明するよりも、幅広く多くの項目について説明する方がお客様は喜ばれます。

ただ、前述のとおり、お客様が聞いていない話を延々と続けてはだめです。ガイドはお客様の表情を常にチェックしなければなりません。関心がなさそうな話題は早めに切り替えましょう。もちろん、ツアーのメインの見学箇所については、じっくりと説明を聞いていただきましょう。ここでは、質より量ではありません。内容のある話をお聞かせしましょう。メインの箇所の説明は、じっくりと聞いていただくために、説明の構成にセオリーがあります。その話の組み立てについては次章でお話しします。

⑪ 写真とお土産

ガイドはお客様の関心がどこにあるかうかがいながら話さなければならないと申し上げました。ところで、観光ツアーに参加するお客様の最大の関心はどこにあるでしょう。もちろんそれはお客様によって違うのですが、どんな方にもあてはまるのは、「よい写真をとること」と「お土産の買い物」だと思っていいと思います。こちらとしては、自慢の見どころをお見せしてたっぷりと解説をきいていただきたいところですが、残念ながらお客様の関心は必ずしもそこにはありません。

最近は、きれいな写真をとってSNSなどに投稿することが流行っていて、そのことが旅の目的である方がたくさんいるようです。そのような方は、ツアー中は常に写真のアングルを探したり考えていらっしゃるようです。そこまではいかなくてもツアーにはほとんどの人がカメラを持ってきます（最近はスマホですね）。

記念の写真を撮ることは旅の重要な要素です。家に帰って人に見せて、いい写真だ、きれいな場所だ、と言ってもらうことは大きな楽しみになっています。

このようなニーズにガイドは応えないとなりません。若い人たちは、腕を伸ばして自撮りをしますし、自撮り棒を持ってくる人も少なくありません。それでも、ガイドは常に「写真をお取りしましょうか？」と申し出る姿勢が必要です。そして、ちょっと前までは、ガイドはデジカメの操作に慣れておく必要があるとされていました。今もそれは変わらないですが、最近はスマホの操作です。ガイドが、スマホは苦手で、と言ったら失格です。

加えて、これも重要なことなのですが、ガイドにはツアー中によい写真が撮れるスポットをお客様にご紹介することが求められます。これは、日頃から研究しておきましょう。この位置から撮るといい写真になりますよ！　と言えるように。ちなみに旅行者は二種類の写真を撮ると満足します。一つは、いわゆる絵葉書にある写真です。一番一般的な、定番的なアングルの写真です。まず、それをカメラに収めます。そしてもう一つが人に自慢できる自分だけのとっておきの写真です。この二つが撮れると満足なさるようです。このことをガイドは心得ておきましょう。

次の最重要アイテム、お土産についてです。どんなお土産を買ったらよいのか、聞かれるに決まっているので、ガイドは常に答を用意しておきましょう。前述の通り、ガイドはお客様がなるべく多くお土産を買って、お金を落としてくださるようにご案内したいものです。

お土産についてガイドの言葉は非常に強力です。ガイドさんに勧められたので、これを買った、というケースはたくさんあります。したがって、発言には注意が必要です。先にその注意点から説明します。特に競合ブランドがたくさんある場合などはこの注意が絶対的に必要です。ガイドがどのブランドを紹介して、違うブランドについて悪く言っていた、などのうわさが広まらないように注意しなければなりません。

しかし、お客様の側からすると、「それは人それぞれですから、何とも言えません」などとガイドに答えられると、何か突き放されたような印象を持ってしまいます。それぞれの製品について少しだけ性質や特徴などを説明して、「お客様はどんな味がお好きですか？　あまり甘くない方がお好みですか？」などと持っていくといいでしょう。グループ全体に対してお土産のブランドなどについて言及しなくてはならないような状況になったら、これもまずはそれぞれの性質の違いなどを説明したうえで、「私の好みを知りたい方は後で直接聞いてください。こっそりととっておきのものをお教えしますので」などの対応も考えられます。

大切なことは、オーバーに言えば、ガイドは案内によりお客様のお土産購入額を増減させられるということです。たくさん買っていただくように持っていきましょう。

まずはお土産の内容、歴史、エピソードを説明します。そして、「よかったら試してみてください」ではなく、「絶対お持ち帰りになった方がいいですよ」とか、「この前のツアーでお客様におすすめしたら大変喜ばれました」などの前向きな発言が基本です。もちろんあまりやりすぎると押し売りみたいになって、それまでのガイド案内がすべて疑われてしまいますので、「適度に」お勧めすることが肝心です。

ところで、お土産の紹介に限らず、観光地の推薦にあたっても、控えめな表現が多いガイドさんがいます。近くに○○というきれいなまちがありますから、「時間があったら」行ってみてください、などの表現で遠慮がちに紹介しています。それではもったいないです。自信をもってもっと積極的に紹介しましょう。「ぜひおすすめします」とか、「きっと感動なさいますよ」が、ガイドが使うべき言葉です。

【どう語るか、注意点のおさらい】
＊語りかけるように。読み上げ調はＮＧ。
＊面白い、愉快な話を。ジョークを入れる。

*あなたはラッキー！　特別！　と思わせるように。
*お客様が知らない言葉には説明を。
*どこから来たお客様か、により説明の内容は違う。
*「あれが〜」はＮＧ。説明対象をお客様が見ることが出来るように視線の誘導を。
*お客様が「あれ何だろう？」と思う対象は、すべて説明するつもりで。
*お客様の最大の関心はお土産と写真であることを常に意識。
*お土産の説明には注意点も。

説明の内容——話の構成

これまで、ガイドはお客様の目に入るものは何でも説明しなければならない。その説明は、別に詳しくなくてもよい。極端な話、「あれが交通信号です。」だけでも良いと申し上げてきました。単にお客様の目に入るものはその程度でいいでしょう。それが何なのか。そしてそれに一行説明をつければ、それで充分です。「そしてその隣の大きな屋根が○○神社です。夏には朝市が開かれます」など。しかし、ツアーのスケジュールに書かれているようなメインの見学箇所はそんなわけにはいきません。じっくりとガイド案内を聞いていただき、感動していただかなければなりません。それこそ、ガイドの本領発揮です。見て、ガイドの話を聞いて「ほう、そうなんだ」「なるほどね」「たいしたもんだ」と納得感を持ってもらいましょう。感動があり、納得感があるガイドの語りとはどんなものか。その一つの要素は、説明の構成であるといえます。

物事を説明する際は、その説明の順序が大切です。同じ内容でも、話の順序によって聞き手の印象はちがってきます。起承転結とか、序破急とか守破離など、順序は大切と教えてくれます。観光ガイドの説明も同じで、お客様に納得をしてもらえる説明の順序があります。

次にこの順序について説明します。理想的なガイド説明は「つかみ↓本文↓まとめ」の順で構成されます。では、それぞれについてみてゆきましょう

① つかみ

さて、お客様をお連れして、上野公園、西郷さんの像の前にやってきました。太陽の位置、風の向きも考慮してちょうどいいポジションにお客様が並んで、西郷さんを見上げています。では、説明開始です。ところが、ここでいきなり「はい、皆さん、いよいよ西郷隆盛像にやってきました。西郷隆盛は1827年、今は鹿児島県の九州薩摩藩に生まれ……」などと説明を始めてしまってはダメです。聞き手に納得感をもってもらうお話には、内容の順序というものがあります。その順序に従って進めていくことにより読み手や観客の感動があがるといわれます。ガイドの説明もそうです。いきなり対象物の説明に入るのでなく、まずは「つかみ」といわれるイントロ、前奏曲から入ります。これは、お客様にこれから大事なところがきますよ、準備はいいですか、というメッセージでもあります。

西郷さんの場合、こんな「つかみ」が考えられます。

「はい、上野公園、西郷隆盛像の前までやってきました。いかがですか? 思っていたよりも小さいですか？　でも立派な銅像ですよね！　さて、世界の国々にはだいたいその国の英雄がこのような像になっていますね。フランスにはナポレオンの像が、イギリスには、第二次大戦を勝利に導いたチャーチル首相の像があるそうです。そしてベトナムにはベトナム建国の父と呼ばれるホーチミンさんの像があります。その国の英雄、いつまでも国民に愛される存在が像になっているようです。そして日本。日本にもいくつかこのような銅像がありますが、中でも一番知られているのがこの西郷さんの像だと思います」

というような感じです。この後で本文の説明に移ってゆきます。

いきなり本文の説明に入るのではなく、このようなイントロを経ると聞いている方にも心の準備ができ、そして、大事なことは期待感も高まることです。ツアーの中の主要な見学箇所ごとにこのような「つかみ」をしっかりと準備しておきましょう。まずは、つかみ。そしてその上で重要な説明に入りましょう。

②　本文

本文で話す内容ですが、準備段階でこれは、説明する項目を順番に箇条書きにしておくのが良いと思います。ガイドは、準備段階でやはり話し原稿をいったんは作っておいた方がいいでしょう。語りの時間を測る意味でも有効です。しかし、注意しなければならないことは、原稿をそのまま読んでしまうと、必ず不自然に聞こえてしまいます。なので、原稿はいったん作ったとしても、あらためて項目だけのメモを作成します。そのメモにお話ししなければならない項目を順番に書き出しておきます。

本文の長さですが、これは意外と短いです。長くてもせいぜい3分程度です。1分ちょっとくらいで切り上げる、と考えていた方がよいかもしれません。こちらとしてはもっとお話ししたいことがたくさんあって、こんな短い時間では何も伝えられない、と思うでしょう。しかし、観光旅行のお客様が一つのことに関して聞いて下さる時間はことのほか短いのです。これ以上になると、きっとお客様は周りをきょろきょろしだしたり、別の場所に移動しようとしたり始めます。

実は、一部のボランティアガイドの不人気の原因はここにあるといえます。ボランティアガイドは自分のしゃべりたいことは絶対しゃべる。お客様がその話を聞きたいのか聞きたくないのかに関係なく、あるいは、日程のそのあとの買い物の時間が減ろうがなくなろうが、自分がその話題が好きでしっかりと調べてきているのだからとにかく聞かせる、という態度です。時に困ったものです。ガイドの説明は、テレビ番組のＣＭの時間か、それよりちょっとだけ長い程度です。その時間内で、一番伝えたいことを凝縮しておきましょう。

その最長３分間で話す内容ですが、もちろん、何を説明するかによって違ってきますが、基本としては次のような項目です。

＊名称

何を今さら、と思ってはいけません。お客様は想像以上に今見ているものが何なのか無頓着なものです。目の前にあるものが何なのか、あらためてお伝えします。

＊客観的なデータ

大きさ、重さ、古さ、材質など。ここでは、できるだけ、数字を入れると説得力が増します。しかし、数字を聞いても実感がわかないことが多いのが面積のデータです。

よくあるケースが、広さの説明で使う「東京ドーム何個分」という例です。そもそも東京ドームに行ったことがある人ばかりではありませんし、仮に東京ドームの中に入ったとしても意外に面積は意識しません。また「東京の山手線の内側くらいの広さ」も時々聞きますが、東京の人でないと意外にわからないのではないでしょうか。

面積は、むしろ縦横がそれぞれ何百メートルとか何キロの広さとか伝えた方がわかってもらえるようです。あと「坪」がわかるのはけっこう年配のお客様だけです。面積の単位である「アール」や「ヘクタール」という単位も確かに学校で習っているのですが、ピンとくる人は多くありません。

一部の外国のお客様の場合は、私たちが馴染んでいる10進法、100進法でない単位を使っている方もおられます。アメリカやイギリスからのお客様は、長さは短い場合はインチやフィート、少し長くて、私たちのキロにあたるのがマイルです。重さはパウンドと発音するポンドで、容量はリットルの代わりにガロンやパイントが使われます。アメリカ人、イギリス人のお客様をご案内する場合は、これらはすべて事前に準備してメモしておきましょう。ちなみに、最近はアメリカ、イギリスでもけっこう

100進法がわかる方が増えてきたような気がします。

なお、このような客観データは、最初に話さなければならないということはありません。古さや大きさなどがその対象の重要な部分でなければ、データは、ご参考まで的に、最後に付け加えるような話し方でもよいでしょう。

＊由来や歴史、エピソードなど

これはなるべくストーリー仕立てにすると聞いてもらえます。ストーリーは、何が、や誰が、どうした、という流れですが、「なぜ」や「なぜかというと」が含まれると効果的です。そしてここには、前述の通り自分の気持ちを入れ込むと共感を呼びます。「今の時代では考えられないことですよね！」「私だったらすぐ諦めてしまいます」などと挟みましょう。

ところで、ストーリーには口コミを呼びやすいという特徴があります。人は旅行の経験を語りたがるものです。旅の感動を自慢します。「すっごいきれいなビーチだった。ぜったいもう一度行きたい！」などと語ります。口コミは、旅の最も強力なPRだとも言われますので、知人の旅の経験を聞いてそこへ行ってみたくなったという人は多いはずです。さて、この口コミですが、ストーリーが入るとインパクトが増します。例えば「すっごいきれいなビーチ」に加えて、「ちょっと前にロックバンドの○○がそこでコンサートやったんだって」といったストーリーが付くと、口コミはより拡散しやすくなるといわれています。ガイドは語りの中にストーリーを入れ込んで、口コミの種をまくことができるのです。

＊お客様に注目していただかなければならないこと

法隆寺回廊の柱は中央部分の少しだけ膨らんでいて滑らかなカーブになっています。これは遠くギリシャのパルテノン神殿の柱にもみられるエンタシスといわれる特徴です、とか。鎌倉の大仏様は、今は青銅色ですが、かつては全体が金箔で覆われていました。その名残が額の左側に少しだけ見られます、とかです。

お客様は、パッと見ただけでは見えない、わからないものを、ちょっと頑張って探して見つけて確認すると満足感を覚えてくださいます。なので、どんな見学対象にもこのような説明を入れたいものです。そのような注目対象がない箇所もあるでしょう。そうでしたら、今度、一人でそこを訪ねてみて、じっくりと探してみてはどうでしょうか。

なおこのような注目ポイントですが、お客様がそのポイントを見つけられないと、満足感は逆効果になってしまいますから注意が必要です。前述したようなお客様の視線の誘導をしっかり行って全員に見てもらうことが重要です。ちょっとがんばって探し当ててもらうと満足感は高まります。

＊お客様の印象、感覚を代弁する

これも繰り返しになりますが、ガイドは語りの中に自分の感情や気持ちを入れ込むべきです。

これはいわば、このような気持ちで見てください、という誘導でもあります。「きれいですよねえ！」「たいしたものだと思いませんか？」とか、「この時代にこんな大きな石をどうやって運んだのでしょうか。たいへんだったでしょうねえ」などとガイドは気持ちを込めて語りましょう。お客様もきっと思っていらっしゃるでしょうから、そのお気持ちを代弁することになり、共感を得られることにもなると思います。

③　まとめ

さて、ガイドの案内にはイントロがあったように、エンディングがあります。「まとめ」です。本文でおわるのでなく、お客様に話の余韻をもっていただけるような語りを少しくっつけます。「まとめ」のお客様の納得感増大効果は絶対です。

まとめは例えばこんな感じです。

「このように西郷さんは、江戸城の無血開城を果たしますが、最後は戦に敗れ自害します。そんな人生はまさに波乱万丈だったと言っていいでしょう。この銅像が立って1世紀以上です。その間、東京の町も震災や空襲など波乱万丈でした。西郷さんの大きな目はやっと訪れた今の平和な東京をどうみているのでしょうか。きっと、そこそこうまくやってるじゃないか、などと思っていますよ」、そして、少し間をおいて「はい、東京上野公園、西郷隆盛像をご覧いただきました」とまとめを締めくくります。

ツアーの中のメインの観光箇所は、このような構成にします。ツアーの重要な箇所の案内は、その対象の説明だけで終わってはいけません。せっかく盛り上げられる箇所なのですから、それではもったいないです。つかみ、本文、まとめ、と三部構成にしてお客様に満足していただきましょう。

「まとめ」を終えたら、ちょっとの間をおいて、できれば声のトーンを変えて、「では、先へと参りましょう。次は○○をご案内します。ではどうぞお進みください」とつなげます。あるいは、バスでの移動ならば、「今日は、ちょっと道が混んでいるようですので、○○まで、20分くらいで到着すると思います」と加えましょう。

次がどこなのか、そして移動のあと、どこについたのか、ここでは何を見るのか、の説明は思ったより大切です。お客様は想像以上にここがどこなのか、何を見るのか、わかっていないケースがあります。ガイドとしてはちょっと落胆するのですが、お客様はそのようなことも多いのでしょう。とにかく、ここはどこなのか、これから見ていただくのは何なのか。繰り返しお伝えしましょう。

【話の構成、注意点のおさらい】

＊これから何について説明するのか、が最初。

＊いきなり説明の本文に入らない。まずは、イントロから。
＊メインの話は1分くらいで。長くても3分。
＊自分の気持ちや感情を加える。
＊ストーリーを入れる。
＊絶対注目してもらいたい箇所を入れる。
＊締めくくりの言葉で終わる。
＊最後は、次はどこをご案内するか。

5．ツアーの終盤

終わりよければすべて良し、はシェイクスピアの言葉だそうですが、観光ツアーのことを言っているのではないかと思うほどです。時の流れであるツアーは終盤から最後のお別れの場面までがスムーズに運ぶと、ほぼ成功となると思います。

仮に、途中で、お客様が行方不明になって全員しばらくその場所から動けなくなった、とか、手違いで入場の手配ができておらず、入り口で長時間待たされた、などの不手際があったとしてもです。ツアーの最後がよければ、とりあえずお客様は、良いところだった、来てよかった、などと満足してくださるものです。ツアーのおしまいはそんな力をもっていますので、是が非でも上出来な終わりに持っていきましょう。

もちろん行程の立て方もずいぶんと良い終わり方に影響します。見学箇所のうち最後の方には、旅の余韻につながるような、きれいな場所をもってくるのが理想です。BGMが似合いそうな箇所を最後にする、などというツアープランナーもいます。しかし、そうでなくてもガイドの案内の仕方によってきれいなツアーの終盤は演出できるものです。その方法を見てゆきましょう。

まず、ガイドのしゃべり方です。ツアーのスタート時点は、お客様の高まる好奇心を満足させるためにガイドは、多少早口であちこちを多数案内すべき、とお話ししました。そして、ツアー中央の、ハイライトともいえるツアーの見せ所では、ガイドはたっぷりと、じっくりと聞かせることが必要、としました。さて、ハイライトを過ぎた後半に入ったら、ガイドの語りは少しずつスローダウンさせて行くのがよいのです。だんだんと落ち着いた口調に持っていきます。文と文の間も少し長めにとるのも効果的です。このような調子の変化は、テレビ番組のナレーションを注意して聞いていると実にその効果がよくわかります。

そして、ツアーの終わりが近付いていることも案内で触れましょう。例えばこんな感じです。

「では次に○○記念館にご案内しましょう。そしてそのあとは美しい○○ビーチを見ながら、今朝ツアーをスタートした駅前へと向かいます。到着は予定通り17時ごろになろうかと思います。ツアーもいよいよ終盤にさしかかりました」――このようなご案内をして、お客様の気持ちに終わりを意識してもらうようにします。終わり、はどんなものでも、誰にとっても特別な感情を呼ぶものです。

もし、少しまとまった時間がとれたら、今日のツアーの内容をおさらいするといいでしょう。訪れた箇所をもう一度順番にあげていきます。もちろん単に名前だけでなく、一言添えたり、今日のエピソードを付け加えたりします。

「……市民17万人の憩いの場、○○公園にご案内しました。リスがいましたねえ！かわいかったです！　そして、４００年の歴史を持つ○○寺を訪れました。町の喧騒が嘘のような静けさをお楽しみいただけたと思います」――このように全体を振り返りながら、お客様の印象や気持ちを代弁して、その印象をはっきりさせます。

この振り返りは、次で説明するお別れの場面でもよいのですが、どちらかというとその前のまだ移動中の方がよいかと思います。ウォーキングツアーなどでは、最後は全員が立って、まとまってガイドがお別れの挨拶をしますが、その場で振り返りとか印象を語るとちょっと感情の押し売りのようになってしまう懸念があるからです。もう少しで解散場所といった最後のステージが効果的だと思います。

6. お別れの場面へ

いよいよツアーの終了です。ガイドがツアーの終わりを告げてお別れの挨拶をします。これは、ウォーキングツアーの場合は、解散地点で全員が集まったところでお話しします。バスの場合は、バスが降車のために止まる直前ということになりましょう。前項で説明した振り返りに引き続いてということなります。
高度な技術にはなりますが、最後の語りの長さを把握しておいて、バスがどの辺に来たら最後の語りを始めるかを知っておくといいでしょう。最後の語りが終わった時にピッタリとバスが停車すると（ガイド自身は）感動モノです。

さて、お別れの場面やその直前で話すポイントは、

① ツアー参加のお礼
② 他の見どころの紹介と再訪の促し
③ お土産のリマインド

が基本で、

④ 解散後のご予定などのご相談に乗る旨、

を伝えることもあります。

ツアー参加のお礼

ここでは、ツアーネーム（および、必要によってはツアーを実施している会社名）をあげてご参加いただいたことを感謝します。

そして、多少の謙遜を入れながら、自分のガイド案内に楽しんでいただけたか問いかけましょう。その際は、ご案内をしていて自分自身も楽しんだ、と付け加えます。

他の見どころの紹介と再訪の促し

今回のツアーでご案内した箇所の他にも観光地として見るべきところがきっとあるはずです。それを一つ二つ紹介しましょう。どんなすばらしいところなのか、どうやって行けるのかを説明します。お客様の滞在時間は観光振興の上で大変重要です。ガイドの語り次第でお客様がその土地でもう一か所訪問してくださるのです。しっかりと紹介したいものです。

そして、もうひとつ大切なのが再訪の促しです。このように他にも見どころがたくさんあるので、ぜひまた見に来てください、という促しもあります。

あと忘れてはならないのが異なる季節の紹介です。日本の美しい春夏秋冬。それぞれの魅力があるはずですから、それを語ります。ちょこっと写真をお見せするのもよいでしょう。当然ですが、桜の時期や雪景色は目を引きます。感情たっぷりに語って旅情を誘いましょう。このようにガイドは、滞在時間を延ばしたり、リピーターを造り出したりする力を持っているのです。ぜひその力を発揮し、地域の観光振興に貢献しましょう。

お土産のおすすめ

地域の観光振興といえば、やはりお土産による経済効果は重要です。

お客様に土地のお土産をたくさん買って帰っていただくことは、前述の通り、観光ガイドの大切な任務であり固有の能力です。とは言っても、ツアーの最後の場面ではお土産のことはあまり強く語らない方がよいと思われます。訪れて欲しい近隣の観光地の紹介や別の季節のおすすめの話題の中で、ぜひおすすめなのでお土産に○○を買って帰ってください、などと伝えるのがよいでしょう。

ツアーが終わりに近づくと旅行者は自分の次の行動について考えますので、どんなお土産がおすすめかという話とあわせてどこでお土産を便利に買うことができるのかも説明しておきましょう。きっと喜ばれるはずです。

解散後の行動のアドバイス

特に外国のお客様の場合、この後○○に行きたいのだが、どうやったらよいか、や、何を買いたいのだが、どの店が良いかの質問をよく受けます。わかる限りお手伝いしたいものです。

なお、このようなお店や観光地についての質問ですが、外国人旅行者の場合、仮にこちらが地域担当の観光ガイドであったとしても、地域外のことをたくさん聞いてきます。思えば外国人は多くの場合、特定の県や市の観光地を訪ねているわけではなく「日本」という国を訪れているわけですから、これはもっともなことなのかもしれません。

いずれにせよ、地域ガイドであっても、担当外の観光地についての旅行情報をなるべく具体的に収集しておいて、お客様の質問に答えられるようにしておきたいものです。解散後ももう少し観光ガイドの仕事は続きます。

【ツアーの終盤、お別れの場面での注意点のおさらい】
＊そろそろツアーが終わる、ということを知らせる。
＊声はやや落ち着いたトーンに。
＊案内した箇所を振り返る。エピソードもつけて。
＊他の見所、お土産、そして参加のお礼。会社名、ツアー名を入れて。

第6章

こんな時どうする

――場面別ガイドの対応法

1．休憩時のガイド

ツアーによっては途中で休憩時間が入ることがあります。ウォーキングツアーであったら公園の一角であったりしますし、ミュージアムの待合室のような場所で休憩ということもあります。もちろん茶店のようなお店であることもよくあります。ここでは、このような場合のガイドの行動について触れておきます。

ツアーが一家族や友人同士などメンバーがお互いを全員知っている場合を除いて、ガイドは、原則としてお客様との同席は避けるべきでしょう。特定のお客様と近いという印象を他の方たちに与えないためにも、多少の距離を置いて身を置くのが基本だと思います。近くにいるお客様とはなるべく言葉を交わすべき、と先に述べたのと矛盾するような対応ですが、一か所にとどまるときはやはりある程度の距離が必要だと思います。

細かいことにはなりますが、室内であればなるべく出入り口に近いところにかけるのがよいでしょう。これが一番自然に見えます。また、もしお客様から飲食を進められたとしても、これも原則は、とりあえずお断りするのがよいのかもしれません。「仕事中に口にモノを入れるとその後、何かうまくしゃべれなくなっちゃうんですよ」などと上手に対応しましょう。もちろん程度問題です。空気を見ながらの判断です。とにかくガイドが特定のお客様と近いという状況を作らないことが目的です。お客様は、常にガイドの言動を見ているものですから。

また、ガイドが複数いる場合があります。このような時はガイド間の会話にも注意をしたいものです。お客様の耳に届くようなガイド間の会話は、多少でも丁寧なしゃべり方にします。お互いの名前を呼ぶ際も、仮に普段は○○ちゃん、とか呼んでいたとしても、この時は、○○さん、を使うようにしましょう。聞こえていて、これを悪く感じるお客様はいないはずです。こんなこともお客様の感じる非日常感に繋がると思います。

日系の航空会社のキャビンアテンダントの方々が機内食配膳時などお互いに業務上会話をしているのが聞こえますが、この会話も見事に丁寧語です。聞いていて気持ちがよいものです（外国の航空会社ではあまりそうではないのかもしれませんが）。いずれにせよ、普段から顔見知りの中での丁寧語会話は、慣れないとちょっと照れ臭いものですが、接客業である観光ガイドには求められる姿勢だと思います。

また、休憩時間を利用して携帯電話で業務上通話をする必要がある場合もあります。当然ですが、このような電話は休憩場所から出て、室内の休憩であるならば部屋の外にでて話します。携帯電話での会話はとかく大きな声になりがちです。ガイドの業務上の会話などお客様はけっして聞きたくありません。屋外の休憩時間であるならば、お客様から離れたところで小さな声で話すようにしましょう。ガイド説明をしている最中の携帯電話については後述します。

2．食事時間のガイド

ツアーの途中にお食事の時間が入ることはけっこうあります。半日ツアーでない限りツアーの途中でお客様がお食事を取られる時間はあることが自然です。食事がツアーの代金に含まれておらず、お昼の時間になると自由時間となり、お客様は自由にお食事をお取りいただくケースもあります。しかし、ツアーの中にお食事が含まれている場合は、ガイドはお客様がスムーズにお食事を取っていただけるように配慮をします。

まず、ガイドは食事時間が近づいたら、お食事を取っていただくレストランなどの名前とお食べいただくメニュー、そして所要時間を説明します。レストランの名前を告げて、おいしいことで知られているとか少し期待感を高めてもらうようにします。そして、メニューはレストランからの情報をそのまま伝えればよいのですが、少しでも、これは自分の好物だとか、今の季節はこれはすごく美味しいなどと付け加えると完璧です。外国人のお客様には、お料理の名前だけではおそらく理解していただけないものが多いでしょうから、対応する外国語を付け加えます。また、お箸で食べるのが基本だけれども、フォークとスプーンを希望する方は申し出てください、とも。

お食事処につくと、最初のガイドの仕事はお客様がスムーズにテーブルについていただけるように案内したり促したりすることです。お二人様か、三人様かなどグループの人数をお聞きし適切にテーブルに誘導します。レストランによっては、席割をあらかじめ決めていることもあります。

お客様が全員着席されたらお手洗いの場所を知らせます。そして次に、お食事に含まれていないお飲みものの説明をすることもあります。どんな飲み物があり、値段はいくらか、そして注文方法を説明します。それが終わるといったんガイドの仕事は終わりです。あとは、レストランのスタッフの方にお任せします。中にはお食事を運ぶのを手伝うガイドもいますが、かえって邪魔になることもありますのでレストラン側と調整しながら慎重に対応するべきでしょう。

ただ、お食事の途中でお客様が問題なくお料理を召し上がっておられるか見回ることはガイドの仕事として必要と言えます。また、外国人の場合は、先ほどの飲み物の注文を通訳したり、あるいは回りながら、これが茶碗蒸しです、などと声をかけるのもよいでしょう。テーブルを回るときは、お食事時なのですから、表情は明るいスマイルを忘れずに。

さてガイド自身の食事ですが、原則としてガイドはお客様とはご一緒しません。別のテーブルでいただきます。バスツアーの場合は、運転手さんと一緒にいただくことも多いようです。ツアーの添乗員は原則お客様と一緒のテーブルにつきますが、観光ガイドは別です。ただ、お客様がお一人とか一家族などの少人数の場合で、お客様から一緒に食べないかとお誘いがあった場合は、同じテーブルにつくこともあります。その際は、その旨レストラン側に知らせます。

お食事が終わるとレストランの外に再集合だったり、バスに乗っていただいたりします。もしわずかな時間があれば、ガイドはささーっとお客様が座っておられたテーブルの上をチェックします。遠い昔はよくライターの忘れ物を見つけました。今は、時々携帯電話などの忘れ物があります。

話は戻って、お客様が自由にお食事をとるツアーの場合は、食事時間の解散前にガイドは主なお食事場所について、どのお店でどんなお料理がいくらくらいで食べられるかご案内します。レストランマップを作ってコピーをお客様にお渡しするのもよい方法です。いずれにせよ、お食事については、ガイドは常に最新の情報を入手しておく必要があります。時間を作ってそのエリアのお食事調査をしておきましょう。

余談ですが、食事前と食事後ではお客様の表情がかなりちがいます。レストランのテーブルにご案内するときのお客様はけっこう厳しい顔の方が多いのです。しかしお食事を召し上がった後はなんと笑顔や朗らかな声が多いことか！　食べるという行為が人間に与えるインパクトの強さに驚きます。

3．質問の対応

お客様から質問がでることは、最近は少なくなったような気がします。特に若いお客様からは質問がほとんどでません。一方、外国人のお客様や日本人でも年齢の高いお客様からは質問をいただくことがけっこうあります。

質問にお答えする時も、実は上記のように、つかみ↓本文（答え）↓まとめ、という三段構成がうまくまとまります。

まず、つかみです。これは、例えば「鋭い質問ですねえ！　ありがとうございます」、「なるほど、ごもっともなご質問です！」などがいいでしょう。そのような前置きをしてから、答えます。
そして、まとめは、答えの内容のフォローになるわけですが、自分の気持ちや感想を付けてもよいと思います。「当時としても、それはめずらしいことだったのでしょうね」とか、「もし、西郷さんが動かなかったらきっと、日本の歴史は大きく変わっていたのでしょう」というような感じです。

さて、いただいたご質問の答えがわからない場合はどうするか。経験が浅いうちは、わかりません、となかなか言えないものです。しかし、それまでのガイド案内がしっかりしていれば、お客様は、ガイドでもわからないことがあるのだ、ということにきっと納得してくださいます。この人がわからないのだから、なかなか難しい問題なんだろう、と思ってくださいます。まずは、このように思ってもらえるように、案内を充実させてそこまででお客様に納得してもらうことが重要です。

しかし、話はもどって、わからないものはわからないのですから、仕方がありません。申し訳ないが、わからない。調べてみます、とその場は納めます。ツアー終了までになんとか調べられることもあるかと思います。その場合は、タイミングを見計らって、

「先ほどいただいた○○の質問ですが、答えがわかりました！」などと説明をします。質問をいただいた時に、これはそう簡単にはわからない、しかし、時間をかければわかりそうだ、と思うときは、お客様のメールアドレスなどをお聞きしておいて後日回答するという手も考えられます。そこまでしなくていい、とおっしゃるお客様もけっこうおられます。

質問に対しては、観光ガイドとしてどの程度の対応が求められるのか時々考えることがあります。観光ガイドは、研究者ではないのですから、学術的にとか、完璧に正しい答えすることが必ずしも求められていないとも思えます。そうだとすると、例えば質問に対する正確な答えがすぐにはわからないとしても、「〜というような話を聞いたことがあります」とか「この前地元の方にお聞きしたら、そうおっしゃっていました」というような付帯的な言葉を添えて、その場でとりあえずの答えを出すことも考えられます。

正しくはないかもしれませんが、まずは、答えを出しておいた方が、それなりの納得感を得られて、その後の観光もうまく進められる、ということもあるかもしれません。しかし、研究者ではなくても、まったくのうそを伝えることははばかられます。中にはガイドの話にメモを取ってくださるお客様もおられます。そんな時はかなり話の内容に責任を感じてしまいます。

ただ、多くの場合、このように、いったんは答えを出しておいて、会話をすすめていくことも大切なことだと思います。

ところで、車両の中など、マイクを使って案内しているときの質問については、例えばバスの後ろに座っておられる方は、どんな質問がでたかがわからずに、いきなりスピーカーから流れるガイドの答えを聞くことになります。これでは、先ほど来お話ししている、「わかってもらえる」ことから遠ざかります。質問をいただいたら、ガイドはマイクで、「今、こんなご質問をいただきました」と言ってまずは質問の内容を皆さんにご披露しましょう。

いずれにせよ、質問がでる、ということはお客様が関心をもってガイドの説明をきいてくださっている証だと思います。質問をいただくことは、ありがたいことです。

中には、後になって質問をくださるお客様がおられます。

4．予定していた説明ができない場合

主に天候などの理由で予定していた観光ができないことがあります。雨、風、霧、すべて予定を狂わせます。特に自然の中のツアー、とりわけ山岳の中のツアーガイドは日程が不順になりがちです。

そもそも、旅行というものは、晴れを前提に計画ができています。天候以外にも予定を狂わせる要素がいっぱいです。交通渋滞、交通規制、臨時休業、エンジントラブル、ストライキ、あるいは旅行者側の体調不良などの理由、等々。予定していた観光ができない、ということは、ガイドにとってみれば、準備していた案内が使えない、ということになります。予定していた観光ができない場合、別の箇所を見ることになります。あるいは、場所によっては移動することもできずに、ただその場で、霧のため何も見えない場所で時間をつぶす、ということもありえます。いずれにせよ、ガイドにとっては窮地です。

旅行はお天気が良くて、旅行者が健康であることを前提に計画されていることは、今述べたとおりです。しかし、ちょっと考えてみれば、晴ればかり続くわけはなく、お客様の中には体調がよくない人は当然ながらおられます。したがって、予定変更はたいへん可能性の大きい事態だと心得ておく必要があるということです。予定の観光ができない。別の場所をお見せする。このような事態を想定して、そのような事態の場合の案内は、現実にあり得ることとして準備をしておきましょう。それがガイドの責任ともいえます。

それでも計画変更になった場合、お客様は当然にも落胆なさいます。なので、当初通りの満足感を達成することを代替え案の目標にすることはないと思います。予定外の観光で当初以上や当初通りの満足感を得ることは困難でしょう。少しでもその落胆の度合いを軽くして差し上げる、という目標でいいと思います。

強い風雨で外には出られない、すごい霧で何も見えない。このような場合、何ができるのか。屋内の施設をまずは見ていただき、どんなお話をすれば、少しでもお客様が関心をもってくださるか。それを考えて、代替えの案内を準備してください。「本当はご案内したいと思っているのですが、普段晴れているときは時間がないのでお見せできません。でも、今日は深い霧のおかげで時間があるので、逆にお見せできます」などとして聞いていただく話を用意しましょう。

お天気が良ければ見ることができる景色の写真を準備しておいて、ポスター的に見ていただくことも考えられると思います。では、皆さんで歌を歌いましょう、と何度も歌わせるガイドさんも見かけます。もちろん、悪いことではありませんが、気持ちが落ち込んでいるお客様に歌え！　というのもちょっと考え物のような気もします。

ガイドとして求められることは、あらかじめ想定して対策をしておくことです。当初どおりの満足感はほぼ無理でしょう。その中でもどうやって時間を過ごすべきか。お客様はどんなことだったら動いて下さるか、耳を貸してくださるか。日頃から考えておきましょう。

5．説明しているときの困ったお客様

このようにガイドは一生懸命ご案内をするのですが、その最中に時々、困った、というかやりにくいお客様がおられます。そのひとつが、これからガイドがお話しようとする内容を先回りして、大きな声でしゃべってしまう方です。

例えば、「ご覧いただいている西郷さん像は1898年に建てられましたが、日本の英雄の一人として親しまれている西郷さんのことですから、実は日本にはこのほかにも西郷さんの像がいくつか立っているのです」などと説明している途中で、後ろの方のお客様が「鹿児島と霧島にもある‼」などと大きな声で発声したりします。その後でクイズにしようと思っていたのですができなくなってしまいました。ちょっとガイドのピンチです。

こんな場合ですが、まったく無視してしまう、という強いガイドさんもおられるようですが、まあ、ここでは空気を大切にして、「おおっ、よくご存じです！　その通りです。鹿児島と霧島にも西郷さんはおられます」などとつなげてはどうでしょうか。さらに、空気によっては、「今日のお客様は物知りの方が多いですね！　ガイドはやりにくいです！」などとジョークを入れるのもよいでしょう。

ついでながら、このような、ガイドの問いかけにお客様が答えてくださるケースで、その答えがちがっている場合が出てきます。確かにあり得ることです。教室の中ではないのですから、そんな時は、そのお客様の顔を潰さないようにフォローをしてあげないとなりません。

「はい、早くも答えが出ました！ そうですね、高知にあるかどうかちょっとわかりませんが、確かなところでは、鹿児島と霧島に西郷さんの像があると聞いております。高知にもあるのかもしれません、今度しっかり調べておきます」などと続ければよいのではないでしょうか。仮に、実際には西郷さんの像が高知にはないとしても、ここでの観光ガイドの説明としては、問題はないのではないかと思います。

6. お客様とのコミュニケーション

これまで、ガイドがお客様に向かって説明をするときは、視線を扇風機のように左右に振って一部のお客様ばかりを見ないようにするとか、休憩時には特定の人に近づかないように離れた場所にかけるとかお話してきました。つまり、お客様とはある程度距離をとった関係でいるべき、とおすすめしてきました。しかし、それでもお客様とのコミュニケーションは大変重要なのです。お客様とどの程度会話ができるかはツアーの成功のカギであると言ってもよいかもしれません。またお客様にとっても、旅先でのガイドとの会話は良い思い出にもなるはずです。

ガイドはツアーのメンバー全員に対して説明をするのが原則です。それも常に全員公平に説明するのが義務です。しかし、個別にお話しするチャンスも少なからずあるものです。前述の、ウォーキングツアーなどでガイドが全体に対しての説明を行わない、歩いている間や、列が長くなって、最後の人たちが到着するのを待つわずかな間、あるいは自由見学時間を取った後の再集合で早めに来られたお客さまたちとの時間などです。

たいへん細かい技術にはなりますが、この短い時間を使ってガイドはお客様と大いに会話をするべきだと思います。いざやってみるとけっこうお話ができるものです。どちらからいらっしゃったか、この土地は初めてか、どんな印象をお持ちか、地元の名産はお食べになったか、等々。場合によっては、けっこうパーソナルな質問もありかもしれません。

「ご主人はお留守番ですか?」——失礼になってはもちろんいけないのですが、上手に空気を読みながらお聞きします。パーソナルな会話は親近感を深めてくれると思います。お客様の旅の思い出としてガイドがしっかり残ることになります。

さて、お客様とのコミュニケーションでもう一つ考えておかなければならないことがあります。これまではガイドとお客様との間のコミュニケーションを中心に考えてきました。しかしもうひとつあります。お客様同士のコミュニケーションもお客様にとって旅のよい思い出になるということです。お客様が大人数の時はなかなかむずかしいのですが、お客様が例えば二つのご家族から構成されている場合とか、ご家族やご友人のグループが三つくらいで、全体で十名程度の場合などです。このような場合は、ご家族間やグループ間が会話をして親しくなるように持っていきたいものです。ガイドにはそれができます。

私の知人のウォーキングツアーとサイクリングツアーのガイドさんは、ツアーのスタート時点で参加されるお客様に簡単に自己紹介をしていただくのだそうです。そこで、どの程度コミュニケーションがお好きなお客様かわかると言っています。ちいさなグループの観光の場合、このような簡単な自己紹介は大変効果的だと思います。そして、案内の途中でガイドから質問を投げかけるときなども、「なるほど！　では○○さんのお宅ではどうですか？」というふうに持ち掛けるのもよいでしょう。このように、なるべくお客様同士の会話が起こるように持っていきます。

もちろん中にはそのようなコミュニケーションを好まない方もおられます。そんな方は少し時間がたつと必ずわかってくるものです。そのような場合は、その方だけを会話に加えない、というのも変なので、全体のお客様間のコミュニケーションは特に図らない方がよいかもしれません。

7．ガイドと携帯電話

人と人とのコミュニケーションに携帯電話が当たり前になってもう何十年がたつの

でしょうか。旅行の仕事でも今や携帯電話がなかった時代が考えられません。旅行は常に移動を伴う行動なので、移動していく旅行者の現在地を次の訪問地に知らせることでずいぶんと旅をスムーズに進めることができます。例えば、降りた観光バスを別の場所に回送して、お客様は次の場所からバスに乗る、という場合、こちらがバスとの落合い場所にあと何分で着く、とバスに知らせることができるのは、昔には夢だったようなことです。

　ただこのように便利な携帯電話ですが、ガイドにとっては扱いに注意をする必要があるケースがあります。先日、東京都内の観光バスに乗っていた時、こんなことがありました。そのバスは、皇居の見学に向かって南の虎ノ門方面から北上していました。右に日比谷公園を過ぎて、これから皇居が見えてきて、やがて左手遠くに皇居二重橋が見えてくる少し前、ガイドさんの携帯電話が鳴りました。どう対応するか見ていたところ、ガイドさんは「ちょっとすみません」と言って携帯電話で話し始めました。どこからの電話だったのかはわかりませんが、電話の会話が終わったのは、皇居広場を過ぎて観光客が写真撮影のためにバスを降りる巽櫓前の駐車スペースの手前でした。

車内のお客様はガイドの携帯電話が終了する前に当然二重橋を見てしまっていました。皇居の二重橋はガイドとしてお話すべきストーリーがいくつかあります。しかし、この日はガイドさんは携帯電話で話をしていて、二重橋の説明は全くなしでした。これはガイディングとしては失敗だと思います。

確かにガイドが業務を遂行するために必要で重要な情報が携帯電話で届くことはあり得ます。しかし、ガイドの本領はお客様に観光資源についてご説明をすることです。おそらく安全確保の他に、このお客様へのご案内よりも重要なことはないはずです。お客様への案内を何事にも優先すべきです。特に観光の案内はタイミングが絶対であることが多いのです。このガイドさんはこの基本が理解できていませんでした。実際、お客様は二重橋の説明を聞かずに巽櫓やお堀の写真を撮って楽しんでおられました。しかし、私はたいへん申し訳ない気持ちになりました。通常ならば得られる情報をこの方たちは得なかったのです。

携帯電話は大変高性能です。なにかというとかかってきた電話がどこからの通話か表示をしてくれるのです。場合によってはこの先、ツアーが利用する鉄道が不通になっていて、その代替え輸送について連絡が入ることになっているなどの緊急事態もあるでしょう。そんなときは、表示される電話の相手先で判断して、それこそ、ちょっとすみません、とお断りして、ガイド案内を中断して電話で話すこともあり得ると思います。しかし、それ以外は、まちがいなく「お客様ファースト」で行くべきです。携帯電話ファーストではありません。

さきほどの皇居のガイドさんも、きちんと左手に見える二重橋の説明をお客様にしても、その10分後には、写真のためにお客様を解散してから、電話をすることができたはずです。

それでも、実際はガイド案内中に携帯電話にでるガイドは多くいます。年配ガイドに多いような気もします。固定電話で育ってきた世代にとって、携帯電話は何か自分たちよりも優越した存在に感じられるのかもしれません。だから、かかってきたら必ず出ないと失礼にあたるのではないか、と。ガイドがしゃべっていないときであっても、お客様の目に携帯電話にでるガイドはあまり好ましいものではないと思います。業務連絡はお客様の目がない場所でするべきです。

8．ガイドと関係機関

ツアー（tour）とは、様々な場所を「巡る」という人の動きを表す言葉です。観光ツアーは名所旧跡やレジャー施設や商業施設などを巡ります。このようなツアーに関わる各施設のことを関係機関と呼ぶこともあります。巡るツアーを誘導するのは添乗員やガイドの仕事ですが、巡る先には各関係機関の担当者の方がおられます。ツアーは、そのような担当者に便宜をはかってもらいながら見学や体験をすすめていきます。その便宜を得る際に、ガイドと施設スタッフとの間で折衝があります。ここではその折衝について少しお話しします。

巡る見学箇所では、スタッフに手配の書類を提出したり、支払いをしたり、チケットを受け取ったり、ツアー用のゲートを開けてもらったりなどのやりとりがあります。場所によっては、持ち物検査を受けたりもします。

このようなガイドとスタッフの折衝の際に気を付けたいことがあります。さきほどの、ガイド同士の会話のところで述べたことと同じですが、お客様の視野の中で関係機関のスタッフさんと話をする場合は、やはり丁寧な言葉を使いたいものです。ガイドにとってスタッフさんはもうかなりの顔見知りどころか、友人に近いことだって多いでしょう。それでも、丁寧なあいさつから始めて、丁寧な会話を心がけてください。仕事ではないときは、それこそタメ語、タメ口のこともありますが、お客様がおられるときはきっぱりと区別をしましょう。そのあたりのサービス業の仕事の鉄則に親しんでいないスタッフさんは、いつも通りの言葉でガイドに話しかけてくるかもしれません。それでもこちらは丁寧語でいきましょう。

一方、ガイドや添乗員の中には時々関係機関に対し、横柄とまではいかないまでも、いわゆる上から目線で話しかける人がいます。確かにこちらはお客様を連れてきている立場ですから、商売的には上位なのかもしれません。

しかし、観光ツアーはさまざまな機関が協力して作り上げるものだと思います。交通機関、宿泊機関、商業施設、レジャー施設、そしてツアー会社やガイドなどなどが一人一人のお客様にそれぞれのサービスを提供するからツアーが成り立つのです。その点では上位も下位もないはずです。少なくともお客様の視線の中ではそのような上から目線はいけません。乱暴な言葉をつかったり命令口調でモノを言ったりはお客様に不快感を与えてしまいます。常に丁寧な言葉で仕事をしましょう。

これもお客様が求めておられる、非日常感に繋がってゆくのです。

9．観光バスを利用するとき

ここでは、お客様を観光バスにお乗せしてガイドする仕事について見て行きましょう。最初の仕事はバスの確認・点検です。

観光バスはツアーの出発時刻の15分から30分前くらいに配車されます。担当ガイドはできれば配車時刻前に配車場所に着いていたいものです。そしてドライバーさんとの挨拶、バスの設備や清掃状況の確認と続きます。外国での仕事ですと、バスが時間通りに配車されるか、要求通りの整備されたバスが来るかどうかけっこう不安なことが多いのですが、幸い日本のバス会社は優秀で、問題があることはほとんどありません。

しかし確認作業は必要です。手配された座席数があるか、マイクは使えるか、またトイレがあるバスの場合はドアを開けて中をチェックします。マイクはオンオフがどのスイッチかをドライバーさんに聞き、またどのくらいのボリュームがちょうどよいか声を出して試しておきます。もちろん実際に動き出すとエンジン音や街の騒音がありますから、その分の調整も見ておきましょう。

お客様との集合場所がバスの配車場所と別のところである場合は、集合場所からお客様をバスへとご案内します。そして、ガイドはバスのドアの脇に立ち、お客様にご乗車いただきます。ツアーによっては、そのタイミングでお一人ずつお客様の座席番号をお伝えすることもあります。

またツアーの添乗員同行の有無にもよりますが、全員が乗車されたら、ガイドも車内に上がりまずは人数チェックをします。人数チェックには方法があります。ガイドがバスの前から後ろへと通路を歩きながらカウントする時は、お客様に向かって手で数えるような動作はしません。お客様に向かって指さすような動作は失礼に当たるからです。なので、前から後ろへと数える場合は、目線だけで数えます（スマイルを忘れずに)。

そして、バスの一番後ろまでいったら、くるりと向きを変えて今度はお客様の後ろ姿(頭だけですが)を数えてゆきます。この動作はお客様から見えませんので、手を動かしてもかまいません。なぜだかわかりませんが、指で指した方がカウントが確実のような気がします。通路の往きと帰りの人数があったらOKです。ドライバーさんに人数が揃っていることを伝え、バスを出してもらいます。

さて、バスが動き出したらすぐにマイクを取ってガイドは話を始めましょう。ガイドがいるツアーで、バスが動き出しても沈黙が続くのは妙な空気です。あと、ガイドはドライバーさんのお名前をお客様にご紹介します。「お客様、今日はたいへんラッキーですよ。私たちのドライバーは、町内一番のドライバーです」は、外国のガイドさんがよく使うネタです。

では、バスの中のガイドの「立ち位置」はどうあるべきでしょうか。道路交通法により車内の乗客はシートベルト着用が義務づけられていますが、ガイドについては多少解釈に幅があるようです。なので、どのような位置でガイドをするかは、ツアー会社やバス会社の指示に従います。

もし許容されるのであれば、やはりガイドは進行後ろ向きに、つまりお客様の方にむかってマイクを持ち話すべきでしょう。大型のバスの場合、通路の最前部がガイドの立ち位置とされていて、背もたれが備えられている車両が多くなっています。この背もたれに体重をかけてよりかかるのはちょっと怖い感覚もありますが、ガイドは思いきってこの背もたれに大きくよりかかるのが安全です。また中には、バスの左側最前列のシートに膝で立って、後ろのお客様の方を向くガイドもいます。しかし、バスの急停車の際はこの方が危険が大きいかもしれません。

マイクの使い方について少しお話しします。まず、マイクの持ち方ですが、バスの前の方のお客様からはよく見えますので、なるべく美しく持ちましょう。時々カラオケでそんな人を見かけますが、小指をたてて持つのは変です。しかし、ぎゅっと握りしめるのもバスの中では違和感があります。左手で指をそろえて軽く持つのがいいでしょう。

また、マイクはあまり口の前に持ってきません。多少はガイドの口元が見えるように、やや下にそしてマイク上部を少し向こう側に傾けて持ちます。そうするとガイドの息がマイクにかかりません。マイクは風や息を敏感に拾います。スピーカーから出る息の音はお客様には極めて不快です。気を付けましょう。

もう一つ気を付けるべき点があります。先ほども言いましたが、バスは常に音を出して走ります。そしてその音はスピードや周囲の状況によって大きさが変わります。そこで、ガイドの語りのボリュームもバスの音に応じて変化させる必要があります。スピードが出ていてエンジンの音が大きい時などはガイドも負けないように大きな声で話します。

ただマイクは多少口元から離します。一方、バスが停車しているときなどエンジン音が静かな時はガイドも静かにしゃべりましょう。このような配慮でずいぶんと印象がちがうものです。

観光地などで下車する場合は、お客様の持ち物などをどうするかを伝えます。大きな荷物は車内に置いて行っていただいてよいこと、しかし、貴重品は身に着けてもっていっていただくようお願いするのが一般的です。また、再集合時間がある場合は、時間をマイクで伝えるだけでなく、画用紙などに時刻を書いて下車のドア近くに見えるようにしておく工夫がよく採られます。再集合時間の遅刻防止にも一役買います。

そして、下車するお客様にもうひとつ注意しておいた方がよい事項があります。それは駐車場に観光バスが何台も並ぶ場合などです。バスに戻る際、お客様によっては、自分のバスはどれだっただろう、と迷われる方がおられます。中には違うバスに乗ってしまう方もいます。こんなトラブルの防止策として、バスが駐車した位置の説明も必要ですが、バスの色の特徴やナンバープレートの番号もお伝えしておくのがテクニックです。

第7章

ベテランガイドになるためのテクニック

1. ワンランク上の満足感を目指す一工夫

これまで観光ガイドとしての仕事を流れに沿ってみてきました。どの場面ではどんな仕事があるのか、その仕事をお客様の感動につなげるには何が必要なのか。お客様にとってガイドは旅の一要素であり、それも、お客様の旅の満足感を左右する強力な要素であることもお話しししてきました。

ガイドは、いうなれば、たいしたことがない観光箇所への訪問をぐっと印象的なものにかえることができるのです。思えばすごいパワーです。お客様は、楽しい一日だった、○○は本当にいいところだ、と感じることでしょう。でもそれが、よいガイディングのおかげだったとは思わないかもしれません。観光ガイドのおもてなしや雰囲気づくり、そしてガイドの細かい配慮によって観光体験であるお客様の時間が上質になったために「○○はすごく良いところだ」と思うのです。

最後に、このような上質な観光体験を提供するためのガイドの配慮で触れられなかったテクニックをいくつか紹介します。

お客様を褒める

観光ガイドに限らず西欧の方はよく相手を褒めると思います。小さいころから誰かに会ったら相手のどこかを褒めるのがマナーだと教えられていると聞いたこともあります。その点、われわれ日本人はあまり褒めません。

なので、あまりオーバーにやってしまうとわざとらしいのですが、まずは、お客様が身に着けている服やアクセサリーを褒めるようにしてはどうでしょうか。あるいは個人的なおしゃべりの中ででてくることでもいいと思います。お世辞とわかっていても褒められて悪い気がする人はいないはずですから。

ツアーの関係者を褒める

次はお客様ではなくて、ツアーに関わっているスタッフを褒めることも実はお客様のツアー満足度を高めます。ガイドにとってすぐできるのが、バスのドライバーさんの運転技術を褒めることです。日本は狭い道が多いですから、ドライビングテクニックを褒めるチャンスはけっこうあります。

「このカーブは自家用車でも曲がるのがむずかしいのですよね。私はこの前自分の車でこすりました。でも私たちの山田ドライバーの腕は確かです、ご覧ください！」とか、あるいは、神社の社務所で入場券を受け取った際などは「あの方は、この前書道展で入選されたそうですよ。きっと見事な御朱印を書かれるのでしょうね！」ともお話しできます。お客様はこのようにガイドのツアー関係者を褒める言葉を好意的に受け取るものです。

小さなプレゼントをする

「プレゼント」とはオーバーかもしれませんが、何か小物をお客様にお渡しするのは大変効果的です。さし上げるものは一口サイズのお菓子でも飴玉でも、折り鶴でもいいのです。ガイドが観光箇所のパンフレットやマップをお渡しするのは普通のことですが、飴玉をもらうとちょっと意外です。地元のものであれば申し分ありませんが、そうでなくてもいいのです。

ガイドからお客様へ何かをさし上げることはサプライズでもあり効果的です。人間は、何であっても物をもらうのはうれしいものなのですね。ついでながら、プレゼントは飴玉一つよりも飴玉二つだとより効果的だと言われます。複数のマジックです。

簡単な雨具や充電バッテリーを用意する

あいにくのお天気が予想されるときはだいたいお客様は雨具の準備をなさっているものです。しかし必ず中には雨具のない方がおられます。急に雨が降ってきました。そんな時ガイドは準備していた雨具をお貸ししましょう。雨具といっても百均で売っているような簡易ポンチョでよいのです。これをガイドはバッグに2つ3つ入れておいてそんな時に差し出します。仮に、準備がないお客様が多すぎてポンチョが足りない場合であってもあまり問題ありません。お客様はお二人でポンチョを頭にかけて雨をよけたりなさいます。

携帯電話などの充電バッテリーも、あるとガイドの評価は上がります。お客様同士の会話で充電が足りなくなっている方がわかります。そんな時はバッテリーをお貸しします。当然のことながらAndroidとiPhone用のアダプターも用意して。ところで、昔の観光ガイドはカメラ用のフィルムをバッグに入れておいて足りなくなったお客様にお分けしていたそうです。これは今は不要になりました。

いずれにせよ、お客様にとってのこのような非常事態に即応できるとガイドの評価は急上昇しお客様の満足度も上がります。

名前を呼ぶ――お客様の名前も自分の名前も

お客様をお名前でお呼びすることはたいへん効果的だとすでにお話ししました。

確かに人は名前で呼ばれると呼んだ人との親近感が増します。そして親近感は好感度につながります。しかしそうはいってもガイドにとって短い時間でお客様の名前を覚えるのは至難の業です。特に外国人のお客様だとお名前は難しく、覚えることのハードルはさらに上がります。その対策としてこんな方法をとっていたガイドさんがいたのでご紹介します。

スペインのガイドさんでした。人数は15人ほどのウォーキングツアーです。参加者は様々な国から来ていました。このガイドは自己紹介をすると、参加者それぞれがどこから来たからを質問しました。答えは国ではなく都市名を求めました。

そしてツアーが始まるのですが、説明の中で効果的に質問をおりまぜます。その質問に参加者が答えると、例えば、「その通り。正解です。山田さんよくご存じですね！」とお客様の名前がわかればガイドが返すのですが、このスペインのガイドは、「トーキョー、正解です！」と、名前の代わりに都市名を使っていました。いわれた方もしっかりと自分のことだとわかりました。

良い方法でした。同じ国からの参加者が複数いるときのために、国名でなく住んでいる都市名を聞いていたのですね。

一方、ガイドが自分の名前を言うこともお客様のツアーの満足感高揚に効果的と言われています。お客様に、このツアーを案内しているのは「ガイドさん」ではなく、「〇〇さん」だと意識してもらえるからです。「当地在住20年の渡辺も、こんなきれいな夕焼け空は初めてです！」などと使ってみましょう。

2. 上手な苦情の対処

どんなサービス業の仕事にもクレームはつきものといってよいのでしょうか。観光ガイドも苦情を受けることはあまり珍しいことではありません。ベテランのガイドさんでもクレームを受けることがあるのです。ガイドに対するクレームには、例えば、ガイドが何を言っているかわからない（言語の問題）、ガイドなのにしゃべらない、お土産店ばかりに連れて行く、集合時間にガイドが遅れる、スケジュールを勝手に変更する、頼んだことをきいてくれない、参加者への対応が不公平だ、などを聞くことがあります。

これらのクレームを発せられるお客様のお気持ちはよくわかり、お気の毒とも思え、苦情はごもっともという印象です。とはいえ考えてみれば、ガイドが本来の仕事をきちんとこなしていればこのようなクレームは発生しないのではないかと思えます。

しかし現実的には、クレームは、多くの場合、原因が一つだけではなく、複数の要因が重なってお客様の不満が膨らんでしまい苦情を発するに至るというケースが多いようです。その要因の中には、例えば昨晩夫婦喧嘩をしたとか、ツアーとは直接関係ないお客様の個人的な事情が含まれることもあるでしょう。しかし、観光ガイド業は、接客業ですから何であれお客様の苦情には対峙しなければなりません。こんなクレーム対応はガイドにとって最もつらい仕事といってもいいでしょう。

いわゆるクレーム処理方法に関する教えがあります。私も何度もそのような方法を読んで学ぼうとしました。しかし、最終的には、クレーム処理にはどうも正解は存在しないような気がしています。クレームが発生する状況はあまりにも複雑すぎて、ひとつの王道的解決法は存在しえないのではないかと思います。実際、私もクレームを頂戴した際に、学んだ教えを思い出しその通りやってみようと思いましたが、なかなか教科書通りにはいかなかった思い出があります。ただ、ガイドとしてクレーム処理の際に心得ておくべき基本的な要素は、教本の教えでいくつか共通しています。それらを確認してみましょう。

まずは、苦情を言ってこられたお客様のお話をしっかりと真摯に「聞くこと」です。

話をお聞きする態度は必須です。お聞きして、ある程度同意することも必要です。ご不満を理解することをお見せします。ツアーの途中だとそのような時間が取れないこともあり得ます。そんな時はあらためてお聞きすることを約束したり、あるいは、申し入れ先をお教えしたりなど、お申し出をお聞きするという姿勢と誠意を見せることが大切です。

この同意の姿勢と誠意はほんとうに重要です。思っているよりもはるかに大きく問題の解決につながることがあります。クレームを発する乗客に対峙したり、お客様の要望に応えられないことを告げたりするキャビンアテンダントの表情に注目したことがありますか。眉の表情を使って見事に「それはたいへんでした。ご不満ごもっともでございます」というようなメッセージを出しています。おもてなしのしっかりしたホテルや旅館のスタッフも同様です。表情や態度で誠意を見せて、お客様の苦情を上手に受け止める方がいらっしゃいます。ぜひ学びましょう。

そして次に、お客様が不満を抱くに至ったツアーの状況ももし可能ならば「説明する」べきでしょう。どうしても避けられなかった状況に理解を示してくださることも期待できます。さらに、教えに共通する対応が、「お詫びをする」ことです。もちろん原因がガイドにあるとは限らず、会社側に責任があるケースもあるはずです。しかし、お客様から見るとツアーを率いているガイドが責任者となります。したがって、言い訳や弁明をせずに丁寧に謝ることは重要です。もちろん当然ながらガイドは賠償責任につながるような発言はしてはいけません。そのためクレーム対応時のガイドは常に落ち着いて、よく考えながら会話を進める必要があります。

仕事が旅行会社からの依頼によるガイド業務である場合、重要なことは、苦情が発生していることについて適宜旅行会社に報告を入れることです。金銭が絡むような解決策はガイドは単独にとることはできませんが、会社と相談の上、お客様にそのような解決策が提示できることもあります。

解決策については、お客様の状態を知っているガイドが、どんな方法が良いかを提案するのがベストです。いずれにせよ、会社が示した解決策を実際にお客様に提案するのはガイドの仕事で、その持って行き方次第でお客様の反応が違ってくることは言うまでもありません。解決法が解決につながらないことだって十分ありえます。難しい仕事です。

またもう一つ知っておくべきことは、旅行会社はトラブルが現地で解決されずにツアー終了後まで引きずることを嫌うということです。トラブルを現場で解決してくれるガイドは旅行会社にとって良いガイドです。こちらにも言い分は山ほどありますが、どうやらこれはどの旅行会社にも共通する傾向のようです。

いずれにせよ、お客様の苦情は何としても発生させたくないものです。クレームを未然に防ぐことは難しいことだと思います。しかし、お客様がクレームとして申し出てこられるまでにはいくつかの原因が重なった状況があるのだとすれば、注意深くお客様を観察していれば、多少は苦情の気配を察することができるかもしれません。もしも、そんなお客様を見つけることができたとしたら、なるべくこちらから近づいてお声をかけてみるのも一手だと思います。

苦情の対処に関してもう一つ意識しておくべきことがあります。それは、ガイドの対応がうまくいくか行かないかにはガイドとお客様との関係がかなり影響してくるということです。ツアーのそこまでのガイディングでガイド自身がお客様にどのようにみられているかです。今回のガイドさんは信頼できる親切なガイドさんだと思われていればきっと苦情の対処がこじれることはないでしょう。

観光ガイドが受ける苦情の処理は「雨降って地固まる」のようなきれい事（?）ではすまないことが多いといえます。返金するとか、代替品を差し上げるなどができない観光という目に見えない商品でのクレームはやはりダメージは大きいともいえるでしょう。

しかし、ベテランガイドは処理業務を恐れることなくお客様に向き合って少しでもその不満を軽減し、旅とせっかく訪れていただいた土地に対してよい印象を持って帰っていただきましょう。

第8章
持ち物・準備チェックリスト

ガイドの「七つ道具」

さて、あらためて観光ガイドの姿を想像してみましょう。仕事をしているガイドさんを頭で描いてみてください。その人はどんないでたちでしょうか。

冒頭の、「日頃の勉強」の項目では、観光ガイドにとって外見は、お客様の非日常感をつくり出す要素のひとつとしてたいへん重要であると申し上げました。なので、ガイドさんはきっと、ちょっとすてきな格好をしているはずです。そして、きっとそのガイドさんはバッグを持っています。おそらく少し大きめのバッグを肩からかけているのではないでしょうか。

そうなのです。ガイド業務には「七つ道具」があります。ガイドさんのバックの中には何が入っているのか。それを見てみることにしましょう。

①　目印の旗

お客様の中には、ガイドの旗にぞろぞろと団員がついて行く、というスタイルを好まない方もおられると前述しました。しかし、時には大人数の旅行者を導く役であるガイドにとって、目印となる旗は必要だと思います。特に、人混みの中を歩いて行く行程がある場合などは、迷子を出さないためにも目印の旗は必須と言えるでしょう。旅行会社などの指定の旗が支給されることもありますが、ガイドが自分で調達することもあると思います。やはり目立つ色の旗がいいのです。外国人のお客様の場合は、漢字やひらがなが描かれているような和風の物が良いかもしれません。

② 指し棒

指し棒も必須アイテムです。金属製の伸縮型の物がよいでしょう。説明対象を指し示す場合、もちろんガイドが自分の腕と手のひらで指し示してもよいですが、この指し棒をさっと伸ばして締めるのもそれなりのガイドのスタイルです。スマートな印象も与えます。指し棒は、先端に手と指のオブジェをつけている方もよく見かけます。ちょっとユーモラスでいいですね。また、指し棒の先端に旗をひらひらとぶら下げられるようにすることもできます。風になびいて目立つので迷子対策には効果大です。

③ お見せする写真やイラスト、小物

ご案内をしているその時とはちがう季節の様子など、その場ではお客様にお見せできないシーンを写真で見ていただくのも有効な方法です。あるいは地域の地図や現在いる場所の敷地の見取り図なども見ていただくことがあります。このようにガイド中にはお客様にさまざまな写真や図などをお見せすると、案内や語りにメリハリがついて好印象です。これらはスケッチブックなどに貼り付けてガイドのバッグに入れておきます。これらの資料はできるだけ大きい方がお客様が見やすくて親切なのですが、逆に大きすぎるとバッグに入りません。現実的には、A3サイズ位が最大でしょうか。しかし、ガイドの携帯性を優先して小さくなると、結局お客様は見て理解することができず逆効果になってしまいます。

なお、最近は写真や図をiPadなどのタブレットでお見せすることもあります。新しい観光ガイドのスタイルですね。タブレットですと、枚数に制限がないのでさまざまな写真などを準備できて心強いのですが、致命的なのは画面が小さいこと。そして、快晴の明るい太陽のもとですと、画面が暗くみえて見づらいことです。なので、タブレットが使えるのは、お客様に画面の近くまで寄っていただける4、5人のグループまでと考えた方がよいでしょう。

また写真や図の他に小物をお見せすることがあります。建物の工法を説明するときなど、当時はこんな木槌を使っていました、などと現物をお見せする場合です。日本到着直後の外国人旅行者には、パックになった日本のお札や硬貨などもお見せします。いずれにせよ、写真や小物はかさばってしまい、ガイドの悩みの種です。

④ 風呂敷。主にインバウンドに。折り紙、扇子も

風呂敷は日本の伝統的万能バッグと言ってもいいでしょう。軽い物ですから一枚はバッグに入れておきます。美しい包み方をマスターしてガイドがお見せすれば、外国人観光客に喜ばれることも請け合いです。また、あまり荷物にはならないので、折り紙や扇子をバッグに入れておくのもよいでしょう。

⑤ お配りする地図やパンフレットなど

⑥ サプライズプレゼントするお菓子や飴

⑦ お子様にプレゼントするおもちゃなど

これらはお客様の構成、人数や年齢層が分かってくると準備ができます。おひとつどうぞ、とちょこっと差し上げられるお菓子などはガイド必須アイテムです。なお、

会社からの指示でお土産店のパンフレットを配布することが求められることもあります。人数分そろえてバッグに入れておきます。

⑧ 簡易雨具（お客様にお使いいただく）

⑨ バッテリー充電器とアダプター

⑩ 電池（単三と単四を数本）

⑪ ＵＳＢメモリー

これらはお客様が困ってらっしゃる時に、差し上げたりお貸ししたりします。大いに感謝されますので、必ずガイドのバッグに入れておきたいものです。これまでにもお話ししたとおり、簡単な雨合羽などは百均で売っています。雨天の用意がないお客様に差し出しましょう。高価な物ではないですから、ガイドにとっては消耗品と思いお貸しするよりも差し上げましょう。バッテリーがなくなって困ってらっしゃるお客様の声が聞こえたら電池をお出ししましょう。お客様にとって、電池がさっと出てくることは、まず想定外ですから大いに感謝されるはずです。

ＵＳＢメモリーには観光地や時刻表、統計などの関連資料をファイルにして入れておいて、もし必要となったらコンビニでプリントアウトしてお客様にお渡しすることができます。「これが先ほどお話しした資料です」などと言ってお渡しするとびっくりされます。

⑫　バースデーキャンドル

ツアー中に誕生日を迎えるお客様がおられると分かった場合はもちろんのことですが、いつでも念のためバースデーキャンドルの小さな一箱はいれておくと安心です。食事がついているツアーであれば、レストランにケーキなどの手配を依頼することもできます。そうでなくても、休憩場所でコンビニのお菓子を使ってバースデーキャンドルの感動的な場面を作り出せます。

⑬　緊急連絡先

ツアー関係箇所（会社、訪問先、病院、警察署、駅、タクシー会社、保険会社など）の電話番号など連絡先をリストにしたものを必ず準備し持っておきましょう。アドレス帳をそのまま持って行ってもよいのですが、そのツアー個別のリストを作成しておくことをおすすめします。また、最近はスマホのアドレスですべてが対応できるとは思いますが、電話番号を書き出したカードも安心感があります。

⑭　名刺

観光ガイドの仕事をする上で、お客様、関係機関や他のガイドに自分を知ってもらう意味でも名刺は有効です。作っておきましょう。インクジェットプリンターで作成したもので十分です。

さらなる持ち物と用意

当然のことながらガイドは日程表や団員名簿、手配確認書など旅行に関わる様々な書類を携帯して仕事をします。これらの書類を見やすくまとめておくのに紙ばさみがついたクリップボードを持って行くと便利です。これはそこそこのサイズなので、持って高く掲げるとお客様への目印になります。また、ビニール製なので雨の時も安心です。

以上の他、ガイドの持ち物の定番を含めリストにしました。

このようなバッグにいれるモノの準備の他、ガイドは出発前までにやっておかなければならない作業があります。ツアーの条件や指示内容、そして行程の再確認をしておかなければなりません。ツアーの運営には、「リコンファーム」とよばれる予約の再確認が最重要作業とも言われます。リコンファームとリハーサル。確認に始まり、再確認に終わる。これがガイドの直前業務です。

＜ガイドの持ち物＞

□ 緊急連絡先（携帯内にある場合も）

□ お見せする小物、写真など
□ タブレット
□ お配りする地図や案内　（人数分）

□ 筆記用具、はさみ
□ お菓子、飴など（人数分）
□ お子様用のお土産

□ 現金、予備金
□ 救急用医薬品
□ 雨具（自分用、お客様用）
□ バッテリー充電器とアダプター
□ 電池（単三と単四を数本）
□ USB メモリー
□ バースデーキャンドルとライター

□ 目印の旗など
□ 指し棒
□ 風呂敷（折り紙や扇子）
□ 利用する車両を清掃できる布
□ 音楽 CD など。車内で音楽をかける場合

□ お客様用緊急連絡先カード（人数分、主に外国人用）
□ 名刺

＜旅行会社から届けられる物＞

☐ 業務指示書、条件書、お客様名簿
☐ チケット類
☐ ルーミングリスト（宿泊を伴う場合）
☐ パッセンジャーリスト（パスポート番号など、外国人用）
☐ 事故等報告書フォーム（会社指定）
☐ お客様同意書フォーム（会社指定）
☐ アンケート用紙

＜出発前の確認業務や事前練習＞

☐ 個別リクエストの再確認
☐ 交通機関の予約の再確認。または、時刻の再チェック
☐ 食事場所の予約の再確認。特殊なメニューリクエストの有無
☐ 他の共同ガイドとの仕事の再確認
☐ 宿泊施設の予約の再確認（宿泊を伴う場合）

☐ 天候のチェック（代替プランの確認）
☐ 交通状況のチェック（工事、渋滞など）
☐ 配布物を人数＋予備分準備、印刷

☐ 緊急時の対応シミュレーション
☐ 出会い時の語り、メイン見学箇所の語りの練習
☐ 服装の準備

おわりに

現代の観光旅行では交通機関やレストラン、お土産店などの施設は旅をするために必須であっても、観光ガイドはなくても旅行を楽しむことが可能です。

旅行の形態は変化を続けていて、近年はＦＩＴとも呼ばれる個人旅行をする人が多くなってきました。ＦＩＴ旅行者の多くは、交通機関と宿泊機関を主にネットで手配し、見学箇所や食事処は適宜旅行を進めながら決めてゆく旅行スタイルをとります。その自由さや手軽さが大きな魅力となっています。

一方、私たちの多くは学生時代の修学旅行で、観光地を巡るバスの中でガイドさんの語りを聞いています。そしてバスを降りると制服を着て旗を掲げたガイドさんに案内されて寺社を巡ったものです。また、おそらくちょっと前までの海外パック旅行に参加した人たちは、日本から到着した訪問地でバスの市内観光時にガイドさんの案内を聞いた経験があると思います。

学生時代のガイドさんの話の内容を覚えている人はあまりいないかもしれません。しかし、大人になってからの旅行で観光ガイドさんの案内を体験した方は、ガイド付きの見学がいかに充実したものなのかを知ったはずです。

同じ観光地を訪問しても、ガイドの説明や案内を聞き多少なりともその箇所のストーリーを知るとその場所を見る自分の目が違ってきます。その結果、観光の充実感、納得感が増すのです。最近でも、添乗員同行のツアーや日帰りバスツアーやウォーキングツアーなどでは観光ガイドがお客様を案内しています。ガイドがつかないフリーツアーや個人手配の方が多い中、一人でも多くの方が、ガイドが案内する観光の感動を味わってほしいと願っています。

一方、急増するインバウンド旅行者の観光ニーズに対応するために、これまでは国家資格を持つものだけに許可されていた有償の観光ガイド業務が規制緩和されて、資格の有無にかかわらずガイド案内ができるようになっています。また全国の観光ボランティアガイド組織に所属するガイドもすでに4万人を超えていて、その人数も増加傾向にあるそうです。定年後にできた時間を活用して、自分の住む地域の魅力を観光客に理解してもらおうと考える人々が多くなっているのでしょう。また、そのようなガイドをしたいと希望する人と、ガイドに観光地を案内してほしいと希望する旅行者とをマッチングさせるサイトも登場するようになりました。いずれにせよ、観光ガイドにより、質の高い旅行をする人が増えるのは望ましいことだといえましょう。

このような状況の中で、特に観光ガイドとして旅行者を案内したいと考えている人たちに理解してほしいことがあります。それがこの本の目的である、旅行者に満足してもらえる観光ガイドの仕事とは、観光資源を上手に説明するだけではないということを知ってもらうことです。

本文中にも書きましたが、詳しい観光資源の説明が必要ならばそれはオーディオガイドの洗練された詳しい解説を聞いたり、むしろホームページで説明を読んだりしてもらえばいいはずです。しかし、実際には、オーディオガイドやホームページの解説では旅行者は「感動」しません。

一方、観光地側で情報を伝えようとするガイド側にとっては、観光資源についてどんな事実やストーリーを説明して旅行者に理解してもらうべきかは最重要に思えますが、観光旅行を楽しもうとする旅行者側の多くにとっては、それほど重要な要素には思えないものです。これは、語る側には物足りないかもしれません。しかし、観光業は基本的に商売であり、旅行者はお客様です。お客様のニーズが優先されてしかるべきだと思います。

観光旅行者は「楽しさ」を求めて旅にでます。確かに、知識を得ることは楽しみであり喜びでありましょう。その点では、ガイドが何を説明するかは重要です。しかし、それ以上に旅行者は楽しい、面白い感動を旅に求めています。映える写真を撮り、自慢できるお土産を買って帰りたいと思っています。お客様がいかに心地よくこれらの目的を達成し、また楽しんでいただけるか、これが観光ガイドとしての目標になるはずです。何といってもお客様に楽しんでいただくことが一番です。このことを旅行者をご案内するすべての観光ガイドさんにわかってほしいと思っています。お客様に楽しんでいただくための様々な要素や配慮をこの本では解説しています。

これらの事項を参考に、全国の観光ガイドが旅行者の満足をさらに高め、その結果、

観光を楽しむ人が増え、経済効果だけでなく観光の効用が社会に浸透していくことを願っています

◎桜美林大学叢書の刊行にあたって

「隣人に寄り添える心を持つ国際人を育てたい」と希求した創立者・清水安三が一九二一年に本学を開校して、一〇〇周年の佳節を迎えようとしている。

この間、本学は時代の要請に応えて一万人の生徒、学生を擁する規模の発展を成し遂げた。一方で、哲学不在といわれる現代にあって次なる一〇〇年を展望するとき、創立者が好んで口にした「学而事人」（学びて人に仕える）の精神は今なお光を放ち、次代に繋いでいくことも急務だと考える。

一粒の種が万花を咲かせるように、一冊の書は万人の心を打つ。願わくば、高度な知性と見識を有する教育者・研究者の発信源として、現代教養の宝庫として、さらには若き学生達が困難に遇ってなお希望を失わないための指針として、新たな地平を拓きたい。

この目的を果たすため、満を持して桜美林大学叢書を刊行する次第である。

二〇二〇年七月　学校法人桜美林学園理事長　佐藤　東洋士

渡辺 康洋
（わたなべ・やすひろ）

桜美林大学ビジネスマネジメント学群教授。

上智大学外国語学部英語学科卒業。日本大学大学院総合社会情報研究科、修士（国際情報）。

近畿日本ツーリスト株式会社、富山大学を経て、現職。旅行会社時代は、添乗員、観光ガイドとして世界を巡る。

専門は観光開発、観光経営、観光ビジネス英語。全国通訳案内士（英語）、総合旅行業務取扱主任者。日本青少年海外研修研究会会長、とやま観光未来創造塾主任教授等。論文、学会発表多数。

本《ほん》気《き》で観《かん》光《こう》ボランティアガイド

2020年11月20日　初版第1刷発行

著者	渡辺康洋
発行所	桜美林大学出版会 〒151-0051　東京都渋谷区千駄ヶ谷1-1-12
発売元	論創社 〒101-0051　東京都千代田区神田神保町2-23　北井ビル tel. 03（3264）5254　fax. 03（3264）5232　http://ronso.co.jp 振替口座　00160-1-155266
装釘	宗利淳一
装画・イラスト	大本桂子
組版	ポリセント
印刷・製本	中央精版印刷

ISBN978-4-8460-1958-7